T&P BOOKS

I0176461

GEORGISCH

WOORDENSCHAT

THEMATISCHE WOORDENLIJST

NEDERLANDS GEORGISCH

De meest bruikbare woorden
Om uw woordenschat uit te breiden en
uw taalvaardigheid aan te scherpen

3000 woorden

Thematische woordenschat Nederlands-Georgisch - 3000 woorden
Door Andrey Taranov

Woordenlijsten van T&P Books zijn bedoeld om u woorden van een vreemde taal te helpen leren, onthouden, en bestudering. Dit woordenboek is ingedeeld in thema's en behandelt alle belangrijk terreinen van het dagelijkse leven, bedrijven, wetenschap, cultuur, etc.

Het proces van het leren van woorden met behulp van de op thema's gebaseerde aanpak van T&P Books biedt u de volgende voordelen:

- Correct gegroepeerde informatie is bepalend voor succes bij opeenvolgende stadia van het leren van woorden
- De beschikbaarheid van woorden die van dezelfde stam zijn maakt het mogelijk om woordgroepen te onthouden (in plaats van losse woorden)
- Kleine groepen van woorden faciliteren het proces van het aanmaken van associatieve verbindingen, die nodig zijn bij het consolideren van de woordenschat
- Het niveau van talenkennis kan worden ingeschat door het aantal geleerde woorden

T&P Books Publishing
www.tpbooks.com

ISBN: 978-1-78492-376-1

Dit boek is ook beschikbaar in e-boek formaat.
Gelieve www.tpbooks.com te bezoeken of de belangrijkste online boekwinkels.

GEORGISCHE WOORDENSCHAT
nieuwe woorden leren

T&P Books woordenlijsten zijn bedoeld om u te helpen vreemde woorden te leren, te onthouden, en te bestuderen. De woordenschat bevat meer dan 3000 veel gebruikte woorden die thematisch geordend zijn.

- De woordenlijst bevat de meest gebruikte woorden
- Aanbevolen als aanvulling bij welke taalcursus dan ook
- Voldoet aan de behoeften van de beginnende en gevorderde student in vreemde talen
- Geschikt voor dagelijks gebruik, bestudering en zelftestactiviteiten
- Maakt het mogelijk om uw woordenschat te evalueren

Bijzondere kenmerken van de woordenschat

- De woorden zijn gerangschikt naar hun betekenis, niet volgens alfabet
- De woorden worden weergegeven in drie kolommen om bestudering en zelftesten te vergemakkelijken
- Woorden in groepen worden verdeeld in kleine blokken om het leerproces te vergemakkelijken
- De woordenschat biedt een handige en eenvoudige beschrijving van elk buitenlands woord

De woordenschat bevat 101 onderwerpen zoals:

Basisconcepten, getallen, kleuren, maanden, seizoenen, meeteenheden, kleding en accessoires, eten & voeding, restaurant, familieleden, verwanten, karakter, gevoelens, emoties, ziekten, stad, dorp, bezienswaardigheden, winkelen, geld, huis, thuis, kantoor, werken op kantoor, import & export, marketing, werk zoeken, sport, onderwijs, computer, internet, gereedschap, natuur, landen, nationaliteiten en meer ...

INHOUDSOPGAVE

UITSPRAAKGIDS

Letter	Georgisch voorbeeld	T&P fonetisch alfabet	Nederlands voorbeeld
ა	აკადემია	[ɑ]	acht
ბ	ბიოლოგია	[b]	hebben
გ	გრამატიკა	[g]	goal, tango
დ	შუალედი	[d]	Dank u, honderd
ე	ბედნიერი	[ɛ]	elf, zwembad
ვ	ვერცხლი	[v]	beloven, schrijven
ზ	ზარი	[z]	zeven, zesde
თ	თანაკლასელი	[th]	luchthaven, stadhuis
ი	ივლისი	[i]	bidden, tint
კ	კაბა	[k]	kennen, kleur
ლ	ლანგარი	[l]	delen, luchter
მ	მარჯვენა	[m]	morgen, etmaal
ნ	ნაყინი	[n]	nemen, zonder
ო	ოსტატობა	[ɔ]	aankomst, bot
პ	პასპორტი	[p]	parallel, koper
ჟ	ჟიური	[ʒ]	journalist, rouge
რ	რეჟისორი	[r]	roepen, breken
ს	სასმელი	[s]	spreken, kosten
ტ	ტურისტი	[t]	tomaat, taart
უ	ურდული	[u]	hoed, doe
ფ	ფაიფური	[ph]	ophouden, ophangen
ქ	ქალაქი	[kh]	deukhoed, Stockholm
ღ	ღილაკი	[ɣ]	liegen, gaan
ყ	ყინული	[q]	kennen, kleur
შ	შედეგი	[ʃ]	shampoo, machine
ჩ	ჩამჩა	[ʧh]	aspiraat [tsch]
ც	ცურვა	[tsh]	handschoenen
ძ	ძიძა	[dz]	zeldzaam
წ	წამწამი	[ts]	niets, plaats
ჭ	ჭანჭიკი	[ʧ]	Tsjechië, cello
ხ	ხარისხი	[h]	hitte, hypnose
ჯ	ჯიბე	[ʤ]	jeans, jungle
ჰ	ჰოკიჯოხა	[h]	het, herhalen

AFKORTINGEN
gebruikt in de woordenschat

Nederlandse afkortingen

abn	-	als bijvoeglijk naamwoord
bijv.	-	bijvoorbeeld
bn	-	bijvoeglijk naamwoord
bw	-	bijwoord
enk.	-	enkelvoud
enz.	-	enzovoort
form.	-	formele taal
inform.	-	informele taal
mann.	-	mannelijk
mil.	-	militair
mv.	-	meervoud
on.ww.	-	onovergankelijk werkwoord
ontelb.	-	ontelbaar
ov.	-	over
ov.ww.	-	overgankelijk werkwoord
telb.	-	telbaar
vn	-	voornaamwoord
vrouw.	-	vrouwelijk
vw	-	voegwoord
vz	-	voorzetsel
wisk.	-	wiskunde
ww	-	werkwoord

Nederlandse artikelen

de	-	gemeenschappelijk geslacht
de/het	-	gemeenschappelijk geslacht, onzijdig
het	-	onzijdig

BASISBEGRIPPEN

1. Voornaamwoorden

ik	მე	me
jij, je	შენ	shen
hij, zij, het	ის	is
wij, we	ჩვენ	chven
jullie	თქვენ	tkven
zij, ze	ისინი	isini

2. Begroetingen. Begroetingen

Hallo! Dag!	გამარჯობა!	gamarjoba!
Hallo!	გამარჯობათ!	gamarjobat!
Goedemorgen!	დილა მშვიდობისა!	dila mshvidobisa!
Goedemiddag!	დღე მშვიდობისა!	dghe mshvidobisa!
Goedenavond!	საღამო მშვიდობისა!	saghamo mshvidobisa!
gedag zeggen (groeten)	მისალმება	misalmeba
Hoi!	სალამი!	salami!
groeten (het)	სალამი	salami
verwelkomen (ww)	მისალმება	misalmeba
Hoe gaat het?	როგორ ხარ?	rogor khar?
Is er nog nieuws?	რა არის ახალი?	ra aris akhali?
Dag! Tot ziens!	ნახვამდის!	nakhvamdis!
Tot snel! Tot ziens!	მომავალ შეხვედრამდე!	momaval shekhvedramde!
Vaarwel!	მშვიდობით!	mshvidobit!
afscheid nemen (ww)	გამომშვიდობება	gamomshvidobeba
Tot kijk!	კარგად!	k'argad!
Dank u!	გმადლობთ!	gmadlobt!
Dank u wel!	დიდი მადლობა!	didi madloba!
Graag gedaan	არაფრის	arapris
Geen dank!	მადლობად არ ღირს	madlobad ar ghirs
Geen moeite.	არაფრის	arapris
Excuseer me, ...	ბოდიში!	bodishi!
excuseren (verontschuldigen)	პატიება	p'at'ieba
zich verontschuldigen	ბოდიშის მოხდა	bodishis mokhda
Mijn excuses.	ბოდიში	bodishi
Het spijt me!	მაპატიეთ!	map'at'iet!
vergeven (ww)	პატიება	p'at'ieba
Maakt niet uit!	არა უშავს.	ara ushavs.
alsjeblieft	გეთაყვა	getaqva

Vergeet het niet!	არ დაგავიწყდეთ!	ar dagavits'qdet!
Natuurlijk!	რა თქმა უნდა!	ra tkma unda!
Natuurlijk niet!	რა თქმა უნდა, არა!	ra tkma unda, ara!
Akkoord!	თანახმა ვარ!	tanakhma var!
Zo is het genoeg!	საკმარისია!	sak'marisia!

3. Vragen

Wie?	ვინ?	vin?
Wat?	რა?	ra?
Waar?	სად?	sad?
Waarheen?	სად?	sad?
Waar ... vandaan?	საიდან?	saidan?
Wanneer?	როდის?	rodis?
Waarom?	რისთვის?	ristvis?
Waarom?	რატომ?	rat'om?

Waarvoor dan ook?	რისთვის?	ristvis?
Hoe?	როგორ?	rogor?
Wat voor ...?	როგორი?	rogori?
Welk?	რომელი?	romeli?

Aan wie?	ვის?	vis?
Over wie?	ვიზე?	vize?
Waarover?	რაზე?	raze?
Met wie?	ვისთან ერთად?	vistan ertad?
Hoeveel?	რამდენი?	ramdeni?
Van wie? (mann.)	ვისი?	visi?

4. Voorzetsels

met (bijv. ~ beleg)	ერთად	ertad
zonder (~ accent)	გარეშე	gareshe
naar (in de richting van)	-ში	-shi
over (praten ~)	შესახებ	shesakheb
voor (in tijd)	წინ	ts'in
voor (aan de voorkant)	წინ	ts'in

onder (lager dan)	ქვეშ	kvesh
boven (hoger dan)	ზემოთ	zemot
op (bovenop)	-ზე	-ze
van (uit, afkomstig van)	-დან	-dan
van (gemaakt van)	-გან	-gan
over (bijv. ~ een uur)	-ში	-shi
over (over de bovenkant)	-ზე	-ze

5. Functiewoorden. Bijwoorden. Deel 1

Waar?	სად?	sad?
hier (bw)	აქ	ak

daar (bw)	იქ	ik
ergens (bw)	სადღაც	sadghats
nergens (bw)	არსად	arsad

| bij ... (in de buurt) | -თან | -tan |
| bij het raam | ფანჯარასთან | panjarastan |

Waarheen?	სად?	sad?
hierheen (bw)	აქ	ak
daarheen (bw)	იქ	ik
hiervandaan (bw)	აქედან	akedan
daarvandaan (bw)	იქიდან	ikidan

| dichtbij (bw) | ახლოს | akhlos |
| ver (bw) | შორს | shors |

in de buurt (van ...)	გვერდით	gverdit
vlakbij (bw)	გვერდით	gverdit
niet ver (bw)	ახლო	akhlo

linker (bn)	მარცხენა	martskhena
links (bw)	მარცხნივ	martskhniv
linksaf, naar links (bw)	მარცხნივ	martskhniv

rechter (bn)	მარჯვენა	marjvena
rechts (bw)	მარჯვნივ	marjvniv
rechtsaf, naar rechts (bw)	მარჯვნივ	marjvniv

vooraan (bw)	წინ	ts'in
voorste (bn)	წინა	ts'ina
vooruit (bw)	წინ	ts'in

achter (bw)	უკან	uk'an
van achteren (bw)	უკნიდან	uk'nidan
achteruit (naar achteren)	უკან	uk'an

| midden (het) | შუა | shua |
| in het midden (bw) | შუაში | shuashi |

opzij (bw)	გვერდიდან	gverdidan
overal (bw)	ყველგან	qvelgan
omheen (bw)	გარშემო	garshemo

binnenuit (bw)	შიგნიდან	shignidan
naar ergens (bw)	სადღაც	sadghats
rechtdoor (bw)	პირდაპირ	p'irdap'ir
terug (bijv. ~ komen)	უკან	uk'an

ergens vandaan (bw)	საიდანმე	saidanme
ergens vandaan	საიდანღაც	saidanghats
(en dit geld moet ~ komen)		

ten eerste (bw)	პირველ რიგში	p'irvel rigshi
ten tweede (bw)	მეორედ	meored
ten derde (bw)	მესამედ	mesamed
plotseling (bw)	უცებ	utseb

in het begin (bw)	თავდაპირველად	tavdap'irvelad
voor de eerste keer (bw)	პირველად	p'irvelad
lang voor ... (bw)	დიდი ხნით ადრე	didi khnit adre
opnieuw (bw)	ხელახლა	khelakhla
voor eeuwig (bw)	სამუდამოდ	samudamod

nooit (bw)	არასდროს	arasdros
weer (bw)	ისევ	isev
nu (bw)	ახლა	akhla
vaak (bw)	ხშირად	khshirad
toen (bw)	მაშინ	mashin
urgent (bw)	სასწრაფოდ	sasts'rapod
meestal (bw)	ჩვეულებრივად	chveulebrivad

trouwens, ... (tussen haakjes)	სხვათა შორის	skhvata shoris
mogelijk (bw)	შესაძლოა	shesadzloa
waarschijnlijk (bw)	ალბათ	albat
misschien (bw)	შეიძლება	sheidzleba
trouwens (bw)	ამას გარდა, ...	amas garda, ...
daarom ...	ამიტომ	amit'om
in weerwil van ...	მიუხედავად	miukhedavad
dankzij ...	წყალობით	ts'qalobit

wat (vn)	რა	ra
dat (vw)	რომ	rom
iets (vn)	რაღაც	raghats
iets	რაიმე	raime
niets (vn)	არაფერი	araperi

wie (~ is daar?)	ვინ	vin
iemand (een onbekende)	ვიღაც	vighats
iemand (een bepaald persoon)	ვინმე	vinme

niemand (vn)	არავინ	aravin
nergens (bw)	არსად	arsad
niemands (bn)	არავისი	aravisi
iemands (bn)	ვინმესი	vinmesi

zo (Ik ben ~ blij)	ასე	ase
ook (evenals)	აგრეთვე	agretve
alsook (eveneens)	-ც	-ts

6. Functiewoorden. Bijwoorden. Deel 2

Waarom?	რატომ?	rat'om?
om een bepaalde reden	რატომღაც	rat'omghats
omdat ...	იმიტომ, რომ ...	imit'om, rom ...
voor een bepaald doel	რატომღაც	rat'omghats
en (vw)	და	da
of (vw)	ან	an
maar (vw)	მაგრამ	magram
voor (vz)	-თვის	-tvis

te (~ veel mensen)	მეტისმეტად	met'ismet'ad
alleen (bw)	მხოლოდ	mkholod
precies (bw)	ზუსტად	zust'ad
ongeveer (~ 10 kg)	თითქმის	titkmis
omstreeks (bw)	დაახლოებით	daakhloebit
bij benadering (bn)	დაახლოებითი	daakhloebiti
bijna (bw)	თითქმის	titkmis
rest (de)	დანარჩენი	danarcheni
elk (bn)	ყოველი	qoveli
om het even welk	ნებისმიერი	nebismieri
veel (grote hoeveelheid)	ბევრი	bevri
veel mensen	ბევრნი	bevrni
iedereen (alle personen)	ყველა	qvela
in ruil voor ...	ნაცვლად	natsvlad
in ruil (bw)	ნაცვლად	natsvlad
met de hand (bw)	ხელით	khelit
onwaarschijnlijk (bw)	საეჭვოა	saech'voa
waarschijnlijk (bw)	ალბათ	albat
met opzet (bw)	განზრახ	ganzrakh
toevallig (bw)	შემთხვევით	shemtkhvevit
zeer (bw)	ძალიან	dzalian
bijvoorbeeld (bw)	მაგალითად	magalitad
tussen (~ twee steden)	შორის	shoris
tussen (te midden van)	შორის	shoris
zoveel (bw)	ამდენი	amdeni
vooral (bw)	განსაკუთრებით	gansak'utrebit

GETALLEN. DIVERSEN

7. Kardinale getallen. Deel 1

nul	ნული	nuli
een	ერთი	erti
twee	ორი	ori
drie	სამი	sami
vier	ოთხი	otkhi

vijf	ხუთი	khuti
zes	ექვსი	ekvsi
zeven	შვიდი	shvidi
acht	რვა	rva
negen	ცხრა	tskhra

tien	ათი	ati
elf	თერთმეტი	tertmet'i
twaalf	თორმეტი	tormet'i
dertien	ცამეტი	tsamet'i
veertien	თოთხმეტი	totkhmet'i

vijftien	თხუთმეტი	tkhutmet'i
zestien	თექვსმეტი	tekvsmet'i
zeventien	ჩვიდმეტი	chvidmet'i
achttien	თვრამეტი	tvramet'i
negentien	ცხრამეტი	tskhramet'i

twintig	ოცი	otsi
eenentwintig	ოცდაერთი	otsdaerti
tweeëntwintig	ოცდაორი	otsdaori
drieëntwintig	ოცდასამი	otsdasami

dertig	ოცდაათი	otsdaati
eenendertig	ოცდათერთმეტი	otsdatertmet'i
tweeëndertig	ოცდათორმეტი	otsdatormet'i
drieëndertig	ოცდაცამეტი	otsdatsamet'i

veertig	ორმოცი	ormotsi
eenenveertig	ორმოცდაერთი	ormotsdaerti
tweeënveertig	ორმოცდაორი	ormotsdaori
drieënveertig	ორმოცდასამი	ormotsdasami

vijftig	ორმოცდაათი	ormotsdaati
eenenvijftig	ორმოცდათერთმეტი	ormotsdatertmet'i
tweeënvijftig	ორმოცდათორმეტი	ormotsdatormet'i
drieënvijftig	ორმოცდაცამეტი	ormotsdatsamet'i

| zestig | სამოცი | samotsi |
| eenenzestig | სამოცდაერთი | samotsdaerti |

tweeёnzestig	სამოცდაორი	samotsdaori
drieёnzestig	სამოცდასამი	samotsdasami
zeventig	სამოცდაათი	samotsdaati
eenenzeventig	სამოცდათერთმეტი	samotsdatertmet'i
tweeёnzeventig	სამოცდათორმეტი	samotsdatormet'i
drieёnzeventig	სამოცდაცამეტი	samotsdatsamet'i
tachtig	ოთხმოცი	otkhmotsi
eenentachtig	ოთხმოცდაერთი	otkhmotsdaerti
tweeёntachtig	ოთხმოცდაორი	otkhmotsdaori
drieёntachtig	ოთხმოცდასამი	otkhmotsdasami
negentig	ოთხმოცდაათი	otkhmotsdaati
eenennegentig	ოთხმოცდათერთმეტი	otkhmotsdatertmet'i
tweeёnnegentig	ოთხმოცდათორმეტი	otkhmotsdatormet'i
drieёnnegentig	ოთხმოცდაცამეტი	otkhmotsdatsamet'i

8. Kardinale getallen. Deel 2

honderd	ასი	asi
tweehonderd	ორასი	orasi
driehonderd	სამასი	samasi
vierhonderd	ოთხასი	otkhasi
vijfhonderd	ხუთასი	khutasi
zeshonderd	ექვსასი	ekvsasi
zevenhonderd	შვიდასი	shvidasi
achthonderd	რვაასი	rvaasi
negenhonderd	ცხრაასი	tskhraasi
duizend	ათასი	atasi
tweeduizend	ორი ათასი	ori atasi
drieduizend	სამი ათასი	sami atasi
tienduizend	ათი ათასი	ati atasi
honderdduizend	ასი ათასი	asi atasi
miljoen (het)	მილიონი	milioni
miljard (het)	მილიარდი	miliardi

9. Ordinale getallen

eerste (bn)	პირველი	p'irveli
tweede (bn)	მეორე	meore
derde (bn)	მესამე	mesame
vierde (bn)	მეოთხე	meotkhe
vijfde (bn)	მეხუთე	mekhute
zesde (bn)	მეექვსე	meekvse
zevende (bn)	მეშვიდე	meshvide
achtste (bn)	მერვე	merve
negende (bn)	მეცხრე	metskhre
tiende (bn)	მეათე	meate

KLEUREN. MEETEENHEDEN

10. Kleuren

kleur (de)	ფერი	peri
tint (de)	ელფერი	elperi
kleurnuance (de)	ტონი	t'oni
regenboog (de)	ცისარტყელა	tsisart'qela
wit (bn)	თეთრი	tetri
zwart (bn)	შავი	shavi
grijs (bn)	რუხი	rukhi
groen (bn)	მწვანე	mts'vane
geel (bn)	ყვითელი	qviteli
rood (bn)	წითელი	ts'iteli
blauw (bn)	ლურჯი	lurji
lichtblauw (bn)	ცისფერი	tsisperi
roze (bn)	ვარდისფერი	vardisperi
oranje (bn)	ნარინჯისფერი	narinjisperi
violet (bn)	იისფერი	iisperi
bruin (bn)	ყავისფერი	qavisperi
goud (bn)	ოქროსფერი	okrosperi
zilverkleurig (bn)	ვერცხლისფერი	vertskhlisperi
beige (bn)	ჭალისფერი	chalisperi
roomkleurig (bn)	კრემისფერი	k'remisperi
turkoois (bn)	ფირუზისფერი	piruzisperi
kersrood (bn)	ალუბლისფერი	alublisperi
lila (bn)	ლილისფერი	lilisperi
karmijnrood (bn)	ჟოლოსფერი	zholosperi
licht (bn)	ღია ფერისა	ghia perisa
donker (bn)	მუქი	muki
fel (bn)	კაშკაშა	k'ashk'asha
kleur-, kleurig (bn)	ფერადი	peradi
kleuren- (abn)	ფერადი	peradi
zwart-wit (bn)	შავ-თეთრი	shav-tetri
eenkleurig (bn)	ერთფეროვანი	ertperovani
veelkleurig (bn)	მრავალფეროვანი	mravalperovani

11. Meeteenheden

gewicht (het)	წონა	ts'ona
lengte (de)	სიგრძე	sigrdze

breedte (de)	სიგანე	sigane
hoogte (de)	სიმაღლე	simaghle
diepte (de)	სიღრმე	sighrme
volume (het)	მოცულობა	motsuloba
oppervlakte (de)	ფართობი	partobi

gram (het)	გრამი	grami
milligram (het)	მილიგრამი	miligrami
kilogram (het)	კილოგრამი	k'ilogrami
ton (duizend kilo)	ტონა	t'ona
pond (het)	გირვანქა	girvanka
ons (het)	უნცია	untsia

meter (de)	მეტრი	met'ri
millimeter (de)	მილიმეტრი	milimet'ri
centimeter (de)	სანტიმეტრი	sant'imet'ri
kilometer (de)	კილომეტრი	k'ilomet'ri
mijl (de)	მილი	mili

duim (de)	დუიმი	duimi
voet (de)	ფუტი	put'i
yard (de)	იარდი	iardi

vierkante meter (de)	კვადრატული მეტრი	k'vadrat'uli met'ri
hectare (de)	ჰექტარი	hek't'ari

liter (de)	ლიტრი	lit'ri
graad (de)	გრადუსი	gradusi
volt (de)	ვოლტი	volt'i
ampère (de)	ამპერი	amp'eri
paardenkracht (de)	ცხენის ძალა	tskhenis dzala

hoeveelheid (de)	რაოდენობა	raodenoba
een beetje ...	ცოტაოდენი ...	tsot'aodeni ...
helft (de)	ნახევარი	nakhevari
dozijn (het)	დუჟინი	duzhini
stuk (het)	ცალი	tsali

afmeting (de)	ზომა	zoma
schaal (bijv. ~ van 1 op 50)	მასშტაბი	massht'abi

minimaal (bn)	მინიმალური	minimaluri
minste (bn)	უმცირესი	umtsiresi
medium (bn)	საშუალო	sashualo
maximaal (bn)	მაქსიმალური	maksimaluri
grootste (bn)	უდიდესი	udidesi

12. Containers

glazen pot (de)	ქილა	kila
blik (conserven~)	ქილა	kila
emmer (de)	ვედრო	vedro
ton (bijv. regenton)	კასრი	k'asri
ronde waterbak (de)	ტაშტი	t'asht'i

tank (bijv. watertank-70-ltr)	ბაკი	bak'i
heupfles (de)	მათარა	matara
jerrycan (de)	კანისტრა	k'anist'ra
tank (bijv. ketelwagen)	ცისტერნა	tsist'erna
beker (de)	კათხა	k'atkha
kopje (het)	ფინჯანი	pinjani
schoteltje (het)	ლამბაქი	lambaki
glas (het)	ჭიქა	ch'ika
wijnglas (het)	ბოკალი	bok'ali
steelpan (de)	ქვაბი	kvabi
fles (de)	ბოთლი	botli
flessenhals (de)	ყელი	qeli
karaf (de)	გრაფინი	grapini
kruik (de)	დოქი	doki
vat (het)	ჭურჭელი	ch'urch'eli
pot (de)	ქოთანი	kotani
vaas (de)	ლარნაკი	larnak'i
flacon (de)	ფლაკონი	plak'oni
flesje (het)	შუშა	shusha
tube (bijv. ~ tandpasta)	ტუბი	t'ubi
zak (bijv. ~ aardappelen)	ტომარა	t'omara
tasje (het)	პაკეტი	p'ak'et'i
pakje (~ sigaretten, enz.)	შეკვრა	shek'vra
doos (de)	კოლოფი	k'olopi
kist (de)	ყუთი	quti
mand (de)	კალათი	k'alati

BELANGRIJKSTE WERKWOORDEN

13. De belangrijkste werkwoorden. Deel 1

aanbevelen (ww)	რეკომენდაციის მიცემა	rek'omendatsiis mitsema
aandringen (ww)	დაჟინება	dazhineba
aankomen (per auto, enz.)	ჩამოსვლა	chamosvla
aanraken (ww)	ხელის ხლება	khelis khleba
adviseren (ww)	რჩევა	rcheva

afdalen (on.ww.)	ჩასვლა	chasvla
afslaan (naar rechts ~)	მობრუნება	mobruneba
antwoorden (ww)	პასუხის გაცემა	p'asukhis gatsema
bang zijn (ww)	შიში	shishi
bedreigen (bijv. met een pistool)	დამუქრება	damukreba

bedriegen (ww)	მოტყუება	mot'queba
beëindigen (ww)	დამთავრება	damtavreba
beginnen (ww)	დაწყება	dats'qeba
begrijpen (ww)	გაგება	gageba
beheren (managen)	ხელმძღვანელობა	khelmdzghvaneloba

beledigen (met scheldwoorden)	შეურაცხყოფა	sheuratskhqopa
beloven (ww)	დაპირება	dap'ireba
bereiden (koken)	მზადება	mzadeba
bespreken (spreken over)	განხილვა	gankhilva
bestellen (eten ~)	შეკვეთა	shek'veta
bestraffen (een stout kind ~)	დასჯა	dasja
betalen (ww)	გადახდა	gadakhda
betekenen (beduiden)	აღნიშვნა	aghnishvna
betreuren (ww)	სინანული	sinanuli

bevallen (prettig vinden)	მოწონება	mots'oneba
bevelen (mil.)	ბრძანება	brdzaneba
bevrijden (stad, enz.)	გათავისუფლება	gatavisupleba
bewaren (ww)	შენახვა	shenakhva
bezitten (ww)	ფლობა	ploba

bidden (praten met God)	ლოცვა	lotsva
binnengaan (een kamer ~)	შემოსვლა	shemosvla
breken (ww)	ტეხა	t'ekha
controleren (ww)	კონტროლის გაწევა	k'ont'rolis gats'eva
creëren (ww)	შექმნა	shekmna

deelnemen (ww)	მონაწილეობა	monats'ileoba
denken (ww)	ფიქრი	pikri
doden (ww)	მოკვლა	mok'vla
doen (ww)	კეთება	k'eteba

14. De belangrijkste werkwoorden. Deel 2

een hint geven	კარნახი	k'arnakhi
eisen (met klem vragen)	მოთხოვნა	motkhovna
existeren (bestaan)	არსებობა	arseboba
gaan (te voet)	სვლა	svla

gaan zitten (ww)	დაჯდომა	dajdoma
gaan zwemmen	ბანაობა	banaoba
geven (ww)	მიცემა	mitsema
glimlachen (ww)	გაღიმება	gaghimeba
goed raden (ww)	გამოცნობა	gamotsnoba

grappen maken (ww)	ხუმრობა	khumroba
graven (ww)	თხრა	tkhra
hebben (iets levend)	ყოლა	qola
hebben (iets levenloos)	ქონა	kona

helpen (ww)	დახმარება	dakhmareba
herhalen (opnieuw zeggen)	გამეორება	gameoreba

hopen (ww)	იმედოვნება	imedovneba
horen (waarnemen met het oor)	სმენა	smena
huilen (wenen)	ტირილი	t'irili
huren (huis, kamer)	დაქირავება	dakiraveba
informeren (informatie geven)	ინფორმირება	inpormireba

instemmen (akkoord gaan)	დათანხმება	datankhmeba
jagen (ww)	ნადirობა	nadiroba
kennen (kennis hebben van iemand)	ცნობა	tsnoba
kiezen (ww)	არჩევა	archeva
klagen (ww)	ჩივილი	chivili

kosten (ww)	ღირება	ghireba
kunnen (ww)	შეძლება	shedzleba
lachen (ww)	სიცილი	sitsili
laten vallen (ww)	ხელიდან გავარდნა	khelidan gavardna
lezen (ww)	კითხვა	k'itkhva

liefhebben (ww)	სიყვარული	siqvaruli
lunchen (ww)	სადილობა	sadiloba
nemen (ww)	აღება	agheba
nodig zijn (ww)	საჭიროება	sach'iroeba

15. De belangrijkste werkwoorden. Deel 3

onderschatten (ww)	არშეფასება	arshepaseba
ondertekenen (ww)	ხელის მოწერა	khelis mots'era
ontbijten (ww)	საუზმობა	sauzmoba
openen (ww)	გაღება	gagheba
ophouden (ww)	შეწყვეტა	shets'qvet'a

opmerken (zien)	შენიშვნა	shenishvna
opscheppen (ww)	ტრაბახი	t'rabakhi
opschrijven (ww)	ჩაწერა	chats'era
plannen (ww)	დაგეგმვა	dagegmva
prefereren (verkiezen)	მჯობინება	mjobineba
proberen (trachten)	ცდა	tsda
redden (ww)	გადარჩენა	gadarchena

rekenen op ...	იმედის კონა	imedis kona
rennen (ww)	გაქცევა	gaktseva
reserveren	რეზერვირება	rezervireba
(een hotelkamer ~)		

roepen (om hulp)	დაძახება	dadzakheba
schieten (ww)	სროლა	srola
schreeuwen (ww)	ყვირილი	qvirili

schrijven (ww)	წერა	ts'era
souperen (ww)	ვახშმობა	vakhshmoba
spelen (kinderen)	თამაში	tamashi
spreken (ww)	ლაპარაკი	lap'arak'i
stelen (ww)	პარვა	p'arva
stoppen (pauzeren)	გაჩერება	gachereba

studeren (Nederlands ~)	შესწავლა	shests'avla
sturen (zenden)	გაგზავნა	gagzavna
tellen (optellen)	დათვლა	datvla
toebehoren ...	კუთვნება	k'utvneba
toestaan (ww)	ნების დართვა	nebis dartva
tonen (ww)	ჩვენება	chveneba

twijfelen (onzeker zijn)	დაეჭვება	daech'veba
uitgaan (ww)	გამოსვლა	gamosvla
uitnodigen (ww)	მოწვევა	mots'veva
uitspreken (ww)	წარმოთქმა	ts'armotkma
uitvaren tegen (ww)	ლანძღვა	landzghva

16. De belangrijkste werkwoorden. Deel 4

vallen (ww)	ვარდნა	vardna
vangen (ww)	ჭერა	ch'era
veranderen (anders maken)	შეცვლა	shetsvla
verbaasd zijn (ww)	გაკვირვება	gak'virveba
verbergen (ww)	დამალვა	damalva

verdedigen (je land ~)	დაცვა	datsva
verenigen (ww)	გაერთიანება	gaertianeba
vergelijken (ww)	შედარება	shedareba
vergeten (ww)	დავიწყება	davits'qeba
vergeven (ww)	პატიება	p'at'ieba

verklaren (uitleggen)	ახსნა	akhsna
verkopen (per stuk ~)	გაყიდვა	gaqidva
vermelden (praten over)	ხსენება	khseneba
versieren (decoreren)	მორთვა	mortva

vertalen (ww)	თარგმნა	targmna
vertrouwen (ww)	ნდობა	ndoba
vervolgen (ww)	გაგრძელება	gagrdzeleba
verwarren (met elkaar ~)	არევა	areva
verzoeken (ww)	თხოვნა	tkhovna
verzuimen (school, enz.)	გაცდენა	gatsdena
vinden (ww)	პოვნა	p'ovna
vliegen (ww)	ფრენა	prena
volgen (ww)	მიდევნა	midevna
voorstellen (ww)	შეთავაზება	shetavazeba
voorzien (verwachten)	გათვალისწინება	gatvalists'ineba
vragen (ww)	კითხვა	k'itkhva
waarnemen (ww)	დაკვირვება	dak'virveba
waarschuwen (ww)	გაფრთხილება	gaprtkhileba
wachten (ww)	ლოდინი	lodini
weerspreken (ww)	წინააღმდეგ ყოფნა	ts'inaaghmdeg qopna
weigeren (ww)	უარის თქმა	uaris tkma
werken (ww)	მუშაობა	mushaoba
weten (ww)	ცოდნა	tsodna
willen (verlangen)	ნდომა	ndoma
zeggen (ww)	თქმა	tkma
zich haasten (ww)	აჩქარება	achkareba
zich interesseren voor ...	დაინტერესება	daint'ereseba
zich vergissen (ww)	შეცდომა	shetsdoma
zich verontschuldigen	ბოდიშის მოხდა	bodishis mokhda
zien (ww)	ხედვა	khedva
zijn (ww)	ყოფნა	qopna
zoeken (ww)	ძებნა	dzebna
zwemmen (ww)	ცურვა	tsurva
zwijgen (ww)	დუმილი	dumili

TIJD. KALENDER

17. Dagen van de week

maandag (de)	ორშაბათი	orshabati
dinsdag (de)	სამშაბათი	samshabati
woensdag (de)	ოთხშაბათი	otkhshabati
donderdag (de)	ხუთშაბათი	khutshabati
vrijdag (de)	პარასკევი	p'arask'evi
zaterdag (de)	შაბათი	shabati
zondag (de)	კვირა	k'vira
vandaag (bw)	დღეს	dghes
morgen (bw)	ხვალ	khval
overmorgen (bw)	ზეგ	zeg
gisteren (bw)	გუშინ	gushin
eergisteren (bw)	გუშინწინ	gushints'in
dag (de)	დღე	dghe
werkdag (de)	სამუშაო დღე	samushao dghe
feestdag (de)	სადღესასწაულო დღე	sadghesasts'aulo dghe
verlofdag (de)	დასვენების დღე	dasvenebis dghe
weekend (het)	დასვენების დღეები	dasvenebis dgheebi
de hele dag (bw)	მთელი დღე	mteli dghe
de volgende dag (bw)	მომდევნო დღეს	momdevno dghes
twee dagen geleden	ორი დღის წინ	ori dghis ts'in
aan de vooravond (bw)	წინადღეს	ts'inadghes
dag-, dagelijks (bn)	ყოველდღიური	qoveldghiuri
elke dag (bw)	ყოველდღიურად	qoveldghiurad
week (de)	კვირა	k'vira
vorige week (bw)	გასულ კვირას	gasul k'viras
volgende week (bw)	მომდევნო კვირას	momdevno k'viras
wekelijks (bn)	ყოველკვირეული	qovelk'vireuli
elke week (bw)	ყოველკვირეულად	qovelk'vireulad
twee keer per week	კვირაში ორჯერ	k'virashi orjer
elke dinsdag	ყოველ სამშაბათს	qovel samshabats

18. Uren. Dag en nacht

morgen (de)	დილა	dila
's morgens (bw)	დილით	dilit
middag (de)	შუადღე	shuadghe
's middags (bw)	სადილის შემდეგ	sadilis shemdeg
avond (de)	საღამო	saghamo
's avonds (bw)	საღამოს	saghamos

nacht (de)	ღამე	ghame
's nachts (bw)	ღამით	ghamit
middernacht (de)	შუაღამე	shuaghame

seconde (de)	წამი	ts'ami
minuut (de)	წუთი	ts'uti
uur (het)	საათი	saati
halfuur (het)	ნახევარი საათი	nakhevari saati
kwartier (het)	თხუთმეტი წუთი	tkhutmet'i ts'uti
vijftien minuten	თხუთმეტი წუთი	tkhutmet'i ts'uti
etmaal (het)	დღე-ღამე	dghe-ghame

zonsopgang (de)	მზის ამოსვლა	mzis amosvla
dageraad (de)	განთიადი	gantiadi
vroege morgen (de)	ადრიანი დილა	adriani dila
zonsondergang (de)	მზის ჩასვლა	mzis chasvla

's morgens vroeg (bw)	დილით ადრე	dilit adre
vanmorgen (bw)	დღეს დილით	dghes dilit
morgenochtend (bw)	ხვალ დილით	khval dilit

vanmiddag (bw)	დღეს	dghes
's middags (bw)	სადილის შემდეგ	sadilis shemdeg
morgenmiddag (bw)	ხვალ სადილის შემდეგ	khval sadilis shemdeg

| vanavond (bw) | დღეს საღამოს | dghes saghamos |
| morgenavond (bw) | ხვალ საღამოს | khval saghamos |

klokslag drie uur	ზუსტად სამ საათზე	zust'ad sam saatze
ongeveer vier uur	დაახლოებით ოთხი საათი	daakhloebit otkhi saati
tegen twaalf uur	თორმეტი საათისთვის	tormet'i saatistvis

over twintig minuten	ოც წუთში	ots ts'utshi
over een uur	ერთ საათში	ert saatshi
op tijd (bw)	დროულად	droulad

kwart voor ...	თხუთმეტი წუთი აკლია	tkhutmet'i ts'uti ak'lia
binnen een uur	საათის განმავლობაში	saatis ganmavlobashi
elk kwartier	ყოველ თხუთმეტ წუთში	qovel tkhutmet' ts'utshi
de klok rond	დღე-ღამის განმავლობაში	dghe-ghamis ganmavlobashi

19. Maanden. Seizoenen

januari (de)	იანვარი	ianvari
februari (de)	თებერვალი	tebervali
maart (de)	მარტი	mart'i
april (de)	აპრილი	ap'rili
mei (de)	მაისი	maisi
juni (de)	ივნისი	ivnisi

juli (de)	ივლისი	ivlisi
augustus (de)	აგვისტო	agvist'o
september (de)	სექტემბერი	sekt'emberi
oktober (de)	ოქტომბერი	okt'omberi

november (de)	ნოემბერი	noemberi
december (de)	დეკემბერი	dek'emberi
lente (de)	გაზაფხული	gazapkhuli
in de lente (bw)	გაზაფხულზე	gazapkhulze
lente- (abn)	გაზაფხულისა	gazapkhulisa
zomer (de)	ზაფხული	zapkhuli
in de zomer (bw)	ზაფხულში	zapkhulshi
zomer-, zomers (bn)	ზაფხულისა	zapkhulisa
herfst (de)	შემოდგომა	shemodgoma
in de herfst (bw)	შემოდგომაზე	shemodgomaze
herfst- (abn)	შემოდგომისა	shemodgomisa
winter (de)	ზამთარი	zamtari
in de winter (bw)	ზამთარში	zamtarshi
winter- (abn)	ზამთრის	zamtris
maand (de)	თვე	tve
deze maand (bw)	ამ თვეში	am tveshi
volgende maand (bw)	მომდევნო თვეს	momdevno tves
vorige maand (bw)	გასულ თვეს	gasul tves
een maand geleden (bw)	ერთი თვის წინ	erti tvis ts'in
over een maand (bw)	ერთი თვის შემდეგ	erti tvis shemdeg
over twee maanden (bw)	ორი თვის შემდეგ	ori tvis shemdeg
de hele maand (bw)	მთელი თვე	mteli tve
een volle maand (bw)	მთელი თვე	mteli tve
maand-, maandelijks (bn)	ყოველთვიური	qoveltviuri
maandelijks (bw)	ყოველთვიურად	qoveltviurad
elke maand (bw)	ყოველ თვე	qovel tve
twee keer per maand	თვეში ორჯერ	tveshi orjer
jaar (het)	წელი	ts'eli
dit jaar (bw)	წელს	ts'els
volgend jaar (bw)	მომავალ წელს	momaval ts'els
vorig jaar (bw)	შარშან	sharshan
een jaar geleden (bw)	ერთი წლის წინ	erti ts'lis ts'in
over een jaar	ერთი წლის შემდეგ	erti ts'lis shemdeg
over twee jaar	ორი წლის შემდეგ	ori ts'lis shemdeg
het hele jaar	მთელი წელი	mteli ts'eli
een vol jaar	მთელი წელი	mteli ts'eli
elk jaar	ყოველ წელს	qovel ts'els
jaar-, jaarlijks (bn)	ყოველწლიური	qovelts'liuri
jaarlijks (bw)	ყოველწლიურად	qovelts'liurad
4 keer per jaar	წელიწადში ოთხჯერ	ts'elits'adshi otkhjer
datum (de)	რიცხვი	ritskhvi
datum (de)	თარიღი	tarighi
kalender (de)	კალენდარი	k'alendari
een half jaar	ნახევარი წელი	nakhevari ts'eli
zes maanden	ნახევარწელი	nakhevarts'eli

seizoen (bijv. lente, zomer)	სეზონი	sezoni
eeuw (de)	საუკუნე	sauk'une

REIZEN. HOTEL

20. Trip. Reizen

toerisme (het)	ტურიზმი	t'urizmi
toerist (de)	ტურისტი	t'urist'i
reis (de)	მოგზაურობა	mogzauroba
avontuur (het)	თავგადასავალი	tavgadasavali
tocht (de)	ხანმოკლე მოგზაურობა	khanmok'le mogzauroba
vakantie (de)	შვებულება	shvebuleba
met vakantie zijn	შვებულებაში ყოფნა	shvebulebashi qopna
rust (de)	დასვენება	dasveneba
trein (de)	მატარებელი	mat'arebeli
met de trein	მატარებლით	mat'areblit
vliegtuig (het)	თვითმფრინავი	tvitmprinavi
met het vliegtuig	თვითმფრინავით	tvitmprinavit
met de auto	ავტომობილით	avt'omobilit
per schip (bw)	გემით	gemit
bagage (de)	ბარგი	bargi
valies (de)	ჩემოდანი	chemodani
bagagekarretje (het)	ურიკა	urik'a
paspoort (het)	პასპორტი	p'asp'ort'i
visum (het)	ვიზა	viza
kaartje (het)	ბილეთი	bileti
vliegticket (het)	ავიაბილეთი	aviabileti
reisgids (de)	მეგზური	megzuri
kaart (de)	რუკა	ruk'a
gebied (landelijk ~)	ადგილი	adgili
plaats (de)	ადგილი	adgili
exotische bestemming (de)	ეგზოტიკა	egzot'ik'a
exotisch (bn)	ეგზოტიკური	egzot'ik'uri
verwonderlijk (bn)	საოცარი	saotsari
groep (de)	ჯგუფი	jgupi
rondleiding (de)	ექსკურსია	eksk'ursia
gids (de)	ექსკურსიის მძღოლი	eksk'ursiis mdzgholi

21. Hotel

hotel (het)	სასტუმრო	sast'umro
motel (het)	მოტელი	mot'eli
3-sterren	სამი ვარსკვლავი	sami varsk'vlavi

| 5-sterren | ხუთი ვარსკვლავი | khuti varsk'vlavi |
| overnachten (ww) | გაჩერება | gachereba |

kamer (de)	ნომერი	nomeri
eenpersoonskamer (de)	ერთადგილიანი ნომერი	ertadgiliani nomeri
tweepersoonskamer (de)	ორადგილიანი ნომერი	oradgiliani nomeri
een kamer reserveren	ნომრის დაჯავშნა	nomeris dajavshna

| halfpension (het) | ნახევარპანსიონი | nakhevarp'ansioni |
| volpension (het) | სრული პანსიონი | sruli p'ansioni |

met badkamer	საaბაზანოთი	saabazanoti
met douche	შხაპით	shkhap'it
satelliet-tv (de)	თანამგზავრული ტელევიზიაა	tanamgzavruli t'elevizia
airconditioner (de)	კონდიციონერი	k'onditsioneri
handdoek (de)	პირსახოცი	p'irsakhotsi
sleutel (de)	გასაღები	gasaghebi

administrateur (de)	ადმინისტრატორი	administ'rat'ori
kamermeisje (het)	მოახლე	moakhle
piccolo (de)	მებარგული	mebarguli
portier (de)	პორტიე	p'ort'ie

restaurant (het)	რესტორანი	rest'orani
bar (de)	ბარი	bari
ontbijt (het)	საუზმე	sauzme
avondeten (het)	ვახშამი	vakhshami
buffet (het)	შვედური მაგიდა	shveduri magida

| hal (de) | ვესტიბიული | vest'ibiuli |
| lift (de) | ლიფტი | lipt'i |

| NIET STOREN | ნუ შემაწუხებთ | nu shemats'ukhebt |
| VERBODEN TE ROKEN! | ნუ მოსწევთ! | nu mosts'evt! |

22. Bezienswaardigheden

monument (het)	ძეგლი	dzegli
vesting (de)	ციხე-სიმაგრე	tsikhe-simagre
paleis (het)	სასახლე	sasakhle
kasteel (het)	ციხე-დარბაზი	tsikhe-darbazi
toren (de)	კოშკი	k'oshk'i
mausoleum (het)	მავზოლეუმი	mavzoleumi

architectuur (de)	არქიტექტურა	arkit'ekt'ura
middeleeuws (bn)	შუა საუკუნეებისა	shua sauk'uneebisa
oud (bn)	ძველებური	dzveleburi
nationaal (bn)	ეროვნული	erovnuli
bekend (bn)	ცნობილი	tsnobili

toerist (de)	ტურისტი	t'urist'i
gids (de)	გიდი	gidi
rondleiding (de)	ექსკურსია	eksk'ursia

| tonen (ww) | ჩვენება | chveneba |
| vertellen (ww) | მოთხრობა | motkhroba |

vinden (ww)	პოვნა	p'ovna
verdwalen (de weg kwijt zijn)	დაკარგვა	dak'argva
plattegrond (~ van de metro)	სქემა	skema
plattegrond (~ van de stad)	გეგმა	gegma

souvenir (het)	სუვენირი	suveniri
souvenirwinkel (de)	სუვენირების მაღაზია	suvenirebis maghazia
een foto maken (ww)	სურათის გადაღება	suratis gadagheba
zich laten fotograferen	სურათის გადაღება	suratis gadagheba

VERVOER

23. Vliegveld

luchthaven (de)	აეროპორტი	aerop'ort'i
vliegtuig (het)	თვითმფრინავი	tvitmprinavi
luchtvaartmaatschappij (de)	ავიაკომპანია	aviak'omp'ania
luchtverkeersleider (de)	დისპეჩერი	disp'echeri

vertrek (het)	გაფრენა	gaprena
aankomst (de)	მოფრენა	moprena
aankomen (per vliegtuig)	მოფრენა	moprena

vertrektijd (de)	გაფრენის დრო	gaprenis dro
aankomstuur (het)	მოფრენის დრო	moprenis dro

vertraagd zijn (ww)	დაგვიანება	dagvianeba
vluchtvertraging (de)	გაფრენის დაგვიანება	gaprenis dagvianeba

informatiebord (het)	საინფორმაციო ტაბლო	sainpormatsio t'ablo
informatie (de)	ინფორმაცია	inpormatsia
aankondigen (ww)	გამოცხადება	gamotskhadeba
vlucht (bijv. KLM ~)	რეისი	reisi
douane (de)	საბაჟო	sabazho
douanier (de)	მებაჟე	mebazhe

douaneaangifte (de)	დეკლარაცია	dek'laratsia
een douaneaangifte invullen	დეკლარაციის შევსება	dek'laratsiis shevseba
paspoortcontrole (de)	საპასპორტო კონტროლი	sap'asp'ort'o k'ont'roli

bagage (de)	ბარგი	bargi
handbagage (de)	ხელის ბარგი	khelis bargi
bagagekarretje (het)	ურიკა	urik'a

landing (de)	დაჯდომა	dajdoma
landingsbaan (de)	დასაფრენი ზოლი	dasapreni zoli
landen (ww)	დაჯდომა	dajdoma
vliegtuigtrap (de)	ტრაპი	t'rap'i

inchecken (het)	რეგისტრაცია	regist'ratsia
incheckbalie (de)	სარეგისტრაციო დგარი	saregist'ratsio dgari
inchecken (ww)	დარეგისტრირება	daregist'rireba
instapkaart (de)	ჩასაჯდომი ტალონი	chasajdomi t'aloni
gate (de)	გასვლა	gasvla

transit (de)	ტრანზიტი	t'ranzit'i
wachten (ww)	ლოდინი	lodini
wachtzaal (de)	მოსაცდელი დარბაზი	mosatsdeli darbazi
begeleiden (uitwuiven)	გაცილება	gatsileba
afscheid nemen (ww)	გამომშვიდობება	gamomshvidobeba

24. Vliegtuig

vliegtuig (het)	თვითმფრინავი	tvitmprinavi
vliegticket (het)	ავიაბილეთი	aviabileti
luchtvaartmaatschappij (de)	ავიაკომპანია	aviak'omp'ania
luchthaven (de)	აეროპორტი	aerop'ort'i
supersonisch (bn)	ზებგერითი	zebgeriti
gezagvoerder (de)	ხომალდის მეთაური	khomaldis metauri
bemanning (de)	ეკიპაჟი	ek'ip'azhi
piloot (de)	პილოტი	p'ilot'i
stewardess (de)	სტიუარდესა	st'iuardesa
stuurman (de)	შტურმანი	sht'urmani
vleugels (mv.)	ფრთები	prtebi
staart (de)	კუდი	k'udi
cabine (de)	კაბინა	k'abina
motor (de)	ძრავი	dzravi
landingsgestel (het)	შასი	shasi
turbine (de)	ტურბინა	t'urbina
propeller (de)	პროპელერი	p'rop'eleri
zwarte doos (de)	შავი ყუთი	shavi quti
stuur (het)	საჭევრი	sach'evri
brandstof (de)	საწვავი	sats'vavi
veiligheidskaart (de)	ინსტრუქცია	inst'ruktsia
zuurstofmasker (het)	ჟანგბადის ნიღაბი	zhangbadis nighabi
uniform (het)	უნიფორმა	uniporma
reddingsvest (de)	სამაშველო ჟილეტი	samashvelo zhilet'i
parachute (de)	პარაშუტი	p'arashut'i
opstijgen (het)	აფრენა	aprena
opstijgen (ww)	აფრენა	aprena
startbaan (de)	ასაფრენი ზოლი	asapreni zoli
zicht (het)	ხილვადობა	khilvadoba
vlucht (de)	ფრენა	prena
hoogte (de)	სიმაღლე	simaghle
luchtzak (de)	ჰაერის ორმო	haeris ormo
plaats (de)	ადგილი	adgili
koptelefoon (de)	საყურისი	saqurisi
tafeltje (het)	გადასაწევი მაგიდა	gadasats'evi magida
venster (het)	ილუმინატორი	iluminat'ori
gangpad (het)	გასასვლელი	gasasvleli

25. Trein

trein (de)	მატარებელი	mat'arebeli
elektrische trein (de)	ელექტრომატარებელი	elekt'romat'arebeli
sneltrein (de)	ჩქაროსნული მატარებელი	chkarosnuli mat'arebeli
diesellocomotief (de)	თბომავალი	tbomavali

locomotief (de)	ორთქლმავალი	ortklmavali
rijtuig (het)	ვაგონი	vagoni
restauratierijtuig (het)	ვაგონი-რესტორანი	vagoni-rest'orani

rails (mv.)	რელსი	relsi
spoorweg (de)	რკინიგზა	rk'inigza
dwarsligger (de)	შპალი	shp'ali

perron (het)	პლათფორმა	p'latporma
spoor (het)	ლიანდაგი	liandagi
semafoor (de)	სემაფორი	semapori
halte (bijv. kleine treinhalte)	სადგური	sadguri

machinist (de)	მემანქანე	memankane
kruier (de)	მებარგული	mebarguli
conducteur (de)	გამყოლი	gamqoli
passagier (de)	მგზავრი	mgzavri
controleur (de)	კონტროლიორი	k'ont'roliori

gang (in een trein)	დერეფანი	derepani
noodrem (de)	სტოპ-კრანი	st'op'-k'rani

coupé (de)	კუპე	k'up'e
bed (slaapplaats)	თარო	taro
bovenste bed (het)	ზედა თარო	zeda taro
onderste bed (het)	ქვედა თარო	kveda taro
beddengoed (het)	თეთრეული	tetreuli

kaartje (het)	ბილეთი	bileti
dienstregeling (de)	განრიგი	ganrigi
informatiebord (het)	ტაბლო	t'ablo

vertrekken (De trein vertrekt …)	გასვლა	gasvla
vertrek (ov. een trein)	გამგზავრება	gamgzavreba
aankomen (ov. de treinen)	ჩამოსვლა	chamosvla
aankomst (de)	ჩამოსვლა	chamosvla

aankomen per trein	მატარებლით მოსვლა	mat'areblit mosvla
in de trein stappen	მატარებელში ჩაჯდომა	mat'arebelshi chajdoma
uit de trein stappen	მატარებლიდან ჩამოსვლა	mat'areblidan chamosvla

treinwrak (het)	მარცხი	martskhi
ontspoord zijn	რელსებიდან გადასვლა	relsebidan gadasvla

locomotief (de)	ორთქლმავალი	ortklmavali
stoker (de)	ცეცხლფარეში	tsetskhlpareshi
stookplaats (de)	საცეცხლე	satsetskhle
steenkool (de)	ნახშირი	nakhshiri

26. Schip

schip (het)	გემი	gemi
vaartuig (het)	ხომალდი	khomaldi

stoomboot (de)	ორთქმავალი	ortklmavali
motorschip (het)	თბომავალი	tbomavali
lijnschip (het)	ლაინერი	laineri
kruiser (de)	კრეისერი	k'reiseri

jacht (het)	იახტა	iakht'a
sleepboot (de)	ბუქსირი	buksiri
duwbak (de)	ბარჟა	barzha
ferryboot (de)	ბორანი	borani

| zeilboot (de) | იალქნიანი გემი | ialkniani gemi |
| brigantijn (de) | ბრიგანტინა | brigant'ina |

| IJsbreker (de) | ყინულმჭრელი | qinulmch'reli |
| duikboot (de) | წყალქვეშა ნავი | ts'qalkvesha navi |

boot (de)	ნავი	navi
sloep (de)	კანჯო	k'anjo
reddingssloep (de)	მაშველი კანჯო	mashveli k'anjo
motorboot (de)	კატარღა	k'at'argha

kapitein (de)	კაპიტანი	k'ap'it'ani
zeeman (de)	მატროსი	mat'rosi
matroos (de)	მეზღვაური	mezghvauri
bemanning (de)	ეკიპაჟი	ek'ip'azhi

bootsman (de)	ბოცმანი	botsmani
scheepsjongen (de)	იუნგა	iunga
kok (de)	კოკი	k'ok'i
scheepsarts (de)	გემის ექიმი	gemis ekimi

dek (het)	გემბანი	gembani
mast (de)	ანძა	andza
zeil (het)	იალქანი	ialkani

ruim (het)	ტრიუმი	t'riumi
voorsteven (de)	ცხვირი	tskhviri
achtersteven (de)	კიჩო	k'icho
roeispaan (de)	ნიჩაბი	nichabi
schroef (de)	ხრახნი	khrakhni

kajuit (de)	კაიუტა	k'aiut'a
officierskamer (de)	კაიუტკომპანია	k'aiut'k'omp'ania
machinekamer (de)	სამანქანო განყოფილება	samankano ganqopileba
brug (de)	კაპიტნის ხიდურა	k'ap'it'nis khidura
radiokamer (de)	რადიოოჯიხური	radiojikhuri
radiogolf (de)	ტალღა	t'algha
logboek (het)	გემის ჟურნალი	gemis zhurnali

verrekijker (de)	ჭოგრი	ch'ogri
klok (de)	ზარი	zari
vlag (de)	დროშა	drosha

kabel (de)	ბაგირი	bagiri
knoop (de)	კვანძი	k'vandzi
trapleuning (de)	სახელური	sakheluri

trap (de)	ტრაპი	t'rap'i
anker (het)	ღუზა	ghuza
het anker lichten	ღუზის ამოწევა	ghuzis amots'eva
het anker neerlaten	ღუზის ჩაშვება	ghuzis chashveba
ankerketting (de)	ღუზის ჯაჭვი	ghuzis jach'vi

haven (bijv. containerhaven)	ნავსადგური	navsadguri
kaai (de)	მისადგომი	misadgomi
aanleggen (ww)	მიდგომა	midgoma
wegvaren (ww)	ნაპირს მოცილება	nap'irs motsileba

reis (de)	მოგზაურობა	mogzauroba
cruise (de)	კრუიზი	k'ruizi
koers (de)	კურსი	k'ursi
route (de)	მარშრუტი	marshrut'i

vaarwater (het)	ფარვატერი	parvat'eri
zandbank (de)	თავთხელი	tavtkheli
stranden (ww)	თავთხელზე დაჯდომა	tavtkhelze dajdoma

storm (de)	ქარიშხალი	karishkhali
signaal (het)	სიგნალი	signali
zinken (ov. een boot)	ჩაძირვა	chadzirva
Man overboord!	ადამიანი ბორტს იქით!	adamiani bort's ikit!
SOS (noodsignaal)	სოს	sos
reddingsboei (de)	საშველი რგოლი	sashveli rgoli

STAD

27. Stedelijk vervoer

bus, autobus (de)	ავტობუსი	avt'obusi
tram (de)	ტრამვაი	t'ramvai
trolleybus (de)	ტროლეიბუსი	t'roleibusi
route (de)	მარშრუტი	marshrut'i
nummer (busnummer, enz.)	ნომერი	nomeri

rijden met ...	მგზავრობა	mgzavroba
stappen (in de bus ~)	ჩაჯდომა	chajdoma
afstappen (ww)	ჩამოსვლა	chamosvla

halte (de)	გაჩერება	gachereba
volgende halte (de)	შემდეგი გაჩერება	shemdegi gachereba
eindpunt (het)	ბოლო გაჩერება	bolo gachereba
dienstregeling (de)	განრიგი	ganrigi
wachten (ww)	ლოდინი	lodini

kaartje (het)	ბილეთი	bileti
reiskosten (de)	ბილეთის ღირებულება	biletis ghirebuleba

kassier (de)	მოლარე	molare
kaartcontrole (de)	კონტროლი	k'ont'roli
controleur (de)	კონტროლიორი	k'ont'roliori

te laat zijn (ww)	დაგვიანება	dagvianeba
missen (de bus ~)	დაგვიანება	dagvianeba
zich haasten (ww)	აჩქარება	achkareba

taxi (de)	ტაქსი	t'aksi
taxichauffeur (de)	ტაქსისტი	t'aksist'i
met de taxi (bw)	ტაქსით	t'aksit
taxistandplaats (de)	ტაქსის სადგომი	t'aksis sadgomi
een taxi bestellen	ტაქსის გამოძახება	t'aksis gamodzakheba
een taxi nemen	ტაქსის აყვანა	t'aksis aqvana

verkeer (het)	ქუჩაში მოძრაობა	kuchashi modzraoba
file (de)	საცობი	satsobi
spitsuur (het)	პიკის საათები	p'ik'is saatebi
parkeren (on.ww.)	პარკირება	p'ark'ireba
parkeren (ov.ww.)	პარკირება	p'ark'ireba
parking (de)	სადგომი	sadgomi

metro (de)	მეტრო	met'ro
halte (bijv. kleine treinhalte)	სადგური	sadguri
de metro nemen	მეტროთი მგზავრობა	met'roti mgzavroba
trein (de)	მატარებელი	mat'arebeli
station (treinstation)	ვაგზალი	vagzali

28. Stad. Het leven in de stad

stad (de)	ქალაქი	kalaki
hoofdstad (de)	დედაქალაქი	dedakalaki
dorp (het)	სოფელი	sopeli
plattegrond (de)	ქალაქის გეგმა	kalakis gegma
centrum (ov. een stad)	ქალაქის ცენტრი	kalakis tsent'ri
voorstad (de)	გარეუბანი	gareubani
voorstads- (abn)	გარეუბნისა	gareubnisa
randgemeente (de)	გარეუბანი	gareubani
omgeving (de)	მიდამოები	midamoebi
blok (huizenblok)	კვარტალი	k'vart'ali
woonwijk (de)	საცხოვრებელი კვარტალი	satskhovrebeli k'vart'ali
verkeer (het)	ქუჩაში მოძრაობა	kuchashi modzraoba
verkeerslicht (het)	შუქნიშანი	shuknishani
openbaar vervoer (het)	ქალაქის ტრანსპორტი	kalakis t'ransp'ort'i
kruispunt (het)	გზაჯვარედინი	gzajvaredini
zebrapad (oversteekplaats)	საქვეითო გადასასვლელი	sakveito gadasasvleli
onderdoorgang (de)	მიწისქვეშა გადასასვლელი	mits'iskvesha gadasasvleli
oversteken (de straat ~)	გადასვლა	gadasvla
voetganger (de)	ფეხით მოსიარულე	pekhit mosiarule
trottoir (het)	ტროტუარი	t'rot'uari
brug (de)	ხიდი	khidi
dijk (de)	სანაპირო	sanap'iro
allee (de)	ხეივანი	kheivani
park (het)	პარკი	p'ark'i
boulevard (de)	ბულვარი	bulvari
plein (het)	მოედანი	moedani
laan (de)	გამზირი	gamziri
straat (de)	ქუჩა	kucha
zijstraat (de)	შესახვევი	shesakhvevi
doodlopende straat (de)	ჩიხი	chikhi
huis (het)	სახლი	sakhli
gebouw (het)	შენობა	shenoba
wolkenkrabber (de)	ცათამბჯენი	tsatambjeni
gevel (de)	ფასადი	pasadi
dak (het)	სახურავი	sakhuravi
venster (het)	ფანჯარა	panjara
boog (de)	თაღი	taghi
pilaar (de)	სვეტი	svet'i
hoek (ov. een gebouw)	კუთხე	k'utkhe
vitrine (de)	ვიტრინა	vit'rina
gevelreclame (de)	აბრა	abra
affiche (de/het)	აფიშა	apisha
reclameposter (de)	სარეკლამო პლაკატი	sarek'lamo p'lak'at'i
aanplakbord (het)	სარეკლამო ფარი	sarek'lamo pari

vuilnis (de/het)	ნაგავი	nagavi
vuilnisbak (de)	ურნა	urna
afval weggooien (ww)	მონაგვიანება	monagvianeba
stortplaats (de)	ნაგავსაყრელი	nagavsaqreli

telefooncel (de)	სატელეფონო ჯიხური	sat'elepono jikhuri
straatlicht (het)	ფარნის ბოძი	parnis bodzi
bank (de)	სკამი	sk'ami

politieagent (de)	პოლიციელი	p'olitsieli
politie (de)	პოლიცია	p'olitsia
zwerver (de)	მათხოვარი	matkhovari
dakloze (de)	უსახლკარო	usakhlk'aro

29. Stedelijke instellingen

winkel (de)	მაღაზია	maghazia
apotheek (de)	აფთიაქი	aptiaki
optiek (de)	ოპტიკა	op't'ik'a
winkelcentrum (het)	სავაჭრო ცენტრი	savach'ro tsent'ri
supermarkt (de)	სუპერმარკეტი	sup'ermark'et'i

bakkerij (de)	საფუნთუშე	sapuntushe
bakker (de)	მცხობელი	mtskhobeli
banketbakkerij (de)	საკონდიტრო	sak'ondit'ro
kruidenier (de)	საბაყლო	sabaqlo
slagerij (de)	საყასბე	saqasbe

groentewinkel (de)	ბოსტნეულის დუქანი	bost'neulis dukani
markt (de)	ბაზარი	bazari

koffiehuis (het)	ყავახანა	qavakhana
restaurant (het)	რესტორანი	rest'orani
bar (de)	ლუდხანა	ludkhana
pizzeria (de)	პიცერია	p'itseria

kapperssalon (de/het)	საპარიკმახერო	sap'arik'makhero
postkantoor (het)	ფოსტა	post'a
stomerij (de)	ქიმწმენდა	kimts'menda
fotostudio (de)	ფოტოატელიე	pot'oat'elie

schoenwinkel (de)	ფეხსაცმლის მაღაზია	pekhsatsmlis maghazia
boekhandel (de)	წიგნების მაღაზია	ts'ignebis maghazia
sportwinkel (de)	სპორტული მაღაზია	sp'ort'uli maghazia

kledingreparatie (de)	ტანსაცმლის შეკეთება	t'ansatsmlis shek'eteba
kledingverhuur (de)	ტანსაცმლის გაქირავება	t'ansatsmlis gakiraveba
videotheek (de)	ფილმების გაქირავება	pilmebis gakiraveba

circus (de/het)	ცირკი	tsirk'i
dierentuin (de)	ზოოპარკი	zoop'ark'i
bioscoop (de)	კინოთეატრი	k'inoteat'ri
museum (het)	მუზეუმი	muzeumi
bibliotheek (de)	ბიბლიოთეკა	bibliotek'a

theater (het)	თეატრი	teat'ri
opera (de)	ოპერა	op'era
nachtclub (de)	ღამის კლუბი	ghamis k'lubi
casino (het)	სამორინე	samorine

moskee (de)	მეჩეთი	mecheti
synagoge (de)	სინაგოგა	sinagoga
kathedraal (de)	ტაძარი	t'adzari
tempel (de)	ტაძარი	t'adzari
kerk (de)	ეკლესია	ek'lesia

instituut (het)	ინსტიტუტი	inst'it'ut'i
universiteit (de)	უნივერსიტეტი	universit'et'i
school (de)	სკოლა	sk'ola

gemeentehuis (het)	პრეფექტურა	p'repekt'ura
stadhuis (het)	მერია	meria
hotel (het)	სასტუმრო	sast'umro
bank (de)	ბანკი	bank'i

ambassade (de)	საელჩო	saelcho
reisbureau (het)	ტურისტული საააგენტო	t'urist'uli saagent'o
informatieloket (het)	ცნობათა ბიურო	tsnobata biuro
wisselkantoor (het)	გაცვლითი პუნქტი	gatsvliti p'unkt'i

| metro (de) | მეტრო | met'ro |
| ziekenhuis (het) | საავადმყოფო | saavadmqopo |

| benzinestation (het) | ბენზინგასამართი სადგური | benzingasamarti sadguri |
| parking (de) | ავტოსადგომი | avt'osadgomi |

30. Borden

gevelreclame (de)	აბრა	abra
opschrift (het)	წარწერა	ts'arts'era
poster (de)	პლაკატი	p'lak'at'i
wegwijzer (de)	მაჩვენებელი	machvenebeli
pijl (de)	ისარი	isari

waarschuwing (verwittiging)	გაფრთხილება	gaprtkhileba
waarschuwingsbord (het)	გაფრთხილება	gaprtkhileba
waarschuwen (ww)	გაფრთხილება	gaprtkhileba

vrije dag (de)	დასვენების დღე	dasvenebis dghe
dienstregeling (de)	განრიგი	ganrigi
openingsuren (mv.)	სამუშაო საათები	samushao saatebi

| WELKOM! | კეთილი იყოს თქვენი მობრძანება! | k'etili iqos tkveni mobrdzaneba! |

| INGANG | შესასვლელი | shesasvleli |
| UITGANG | გასასვლელი | gasasvleli |

| DUWEN | თქვენგან | tkvengan |
| TREKKEN | თქვენსკენ | tkvensk'en |

| OPEN | ღია | ghiaa |
| GESLOTEN | დაკეტილია | dak'et'ilia |

| DAMES | ქალებისათვის | kalebisatvis |
| HEREN | კაცებისათვის | k'atsebisatvis |

KORTING	ფასდაკლებები	pasdak'lebebi
UITVERKOOP	გაყიდვა	gaqidva
NIEUW!	სიახლე!	siakhle!
GRATIS	უფასოდ	upasod

PAS OP!	ყურადღება!	quradgheba!
VOLGEBOEKT	ადგილები არ არის	adgilebi ar aris
GERESERVEERD	დარეზერვირებულია	darezervirebulia

| ADMINISTRATIE | ადმინისტრაცია | administ'ratsia |
| ALLEEN VOOR PERSONEEL | მხოლოდ პერსონალისათვის | mkholod p'ersonalisatvis |

GEVAARLIJKE HOND	ავი ძაღლი	avi dzaghli
VERBODEN TE ROKEN!	ნუ მოსწევთ!	nu mosts'evt!
NIET AANRAKEN!	ხელით ნუ შეეხებით!	khelit nu sheekhebit!

GEVAARLIJK	საშიშია	sashishia
GEVAAR	საფრთხე	saprtkhe
HOOGSPANNING	მაღალი ძაბვა	maghali dzabva
VERBODEN TE ZWEMMEN	ბანაობა აკრძალულია	banaoba ak'rdzalulia
BUITEN GEBRUIK	არ მუშაობს	ar mushaobs

ONTVLAMBAAR	ცეცხლსაშიშია	tsetskhlsashishia
VERBODEN	აკრძალულია	ak'rdzalulia
DOORGANG VERBODEN	გასვლა აკრძალულია	gasvla ak'rdzalulia
OPGELET PAS GEVERFD	შეღებილია	sheghebilia

31. Winkelen

kopen (ww)	ყიდვა	qidva
aankoop (de)	ნაყიდი	naqidi
winkelen (het)	შოპინგი	shop'ingi

| open zijn (ov. een winkel, enz.) | მუშაობა | mushaoba |
| gesloten zijn (ww) | დაკეტვა | dak'et'va |

schoeisel (het)	ფეხსაცმელი	pekhsatsmeli
kleren (mv.)	ტანსაცმელი	t'ansatsmeli
cosmetica (de)	კოსმეტიკა	k'osmet'ik'a
voedingswaren (mv.)	პროდუქტები	p'rodukt'ebi
geschenk (het)	საჩუქარი	sachukari

verkoper (de)	გამყიდველი	gamqidveli
verkoopster (de)	გამყიდველი	gamqidveli
kassa (de)	სალარო	salaro
spiegel (de)	სარკე	sark'e

toonbank (de)	დახლი	dakhli
paskamer (de)	მოსაზომი ოთახი	mosazomi otakhi
aanpassen (ww)	მოზომება	mozomeba
passen (ov. kleren)	მორგება	morgeba
bevallen (prettig vinden)	მოწონება	mots'oneba
prijs (de)	ფასი	pasi
prijskaartje (het)	საფასარი	sapasari
kosten (ww)	ღირება	ghireba
Hoeveel?	რამდენი?	ramdeni?
korting (de)	ფასდაკლება	pasdak'leba
niet duur (bn)	საკმაოდ იაფი	sak'maod iapi
goedkoop (bn)	იაფი	iapi
duur (bn)	ძვირი	dzviri
Dat is duur.	ეს ძვირია	es dzviria
verhuur (de)	გაქირავება	gakiraveba
huren (smoking, enz.)	ქირით აღება	kirit agheba
krediet (het)	კრედიტი	k'redit'i
op krediet (bw)	სესხად	seskhad

KLEDING EN ACCESSOIRES

32. Bovenkleding. Jassen

kleren (mv.), kleding (de)	ტანსაცმელი	t'ansatsmeli
bovenkleding (de)	ზედა ტანსაცმელი	zeda t'ansatsmeli
winterkleding (de)	ზამთრის ტანსაცმელი	zamtris t'ansatsmeli
jas (de)	პალტო	p'alt'o
bontjas (de)	ქურქი	kurki
bontjasje (het)	ჯუბაჩა	jubacha
donzen jas (de)	ყურთუკი	qurtuk'i
jasje (bijv. een leren ~)	ქურთუკი	kurtuk'i
regenjas (de)	ლაბადა	labada
waterdicht (bn)	ულტობი	ult'obi

33. Heren & dames kleding

overhemd (het)	პერანგი	p'erangi
broek (de)	შარვალი	sharvali
jeans (de)	ჯინსი	jinsi
colbert (de)	პიჯაკი	p'ijak'i
kostuum (het)	კოსტიუმი	k'ost'iumi
jurk (de)	კაბა	k'aba
rok (de)	ბოლოკაბა	bolok'aba
blouse (de)	ბლუზა	bluza
wollen vest (de)	კოფთა	k'opta
blazer (kort jasje)	ჟაკეტი	zhak'et'i
T-shirt (het)	მაისური	maisuri
shorts (mv.)	შორტი	short'i
trainingspak (het)	სპორტული კოსტიუმი	sp'ort'uli k'ost'iumi
badjas (de)	ხალათი	khalati
pyjama (de)	პიჟამო	p'izhamo
sweater (de)	სვიტრი	svit'ri
pullover (de)	პულოვერი	p'uloveri
gilet (het)	ჟილეტი	zhilet'i
rokkostuum (het)	ფრაკი	prak'i
smoking (de)	სმოკინგი	smok'ingi
uniform (het)	ფორმა	porma
werkkleding (de)	სამუშაო ტანსაცმელი	samushao t'ansatsmeli
overall (de)	კომბინეზონი	k'ombinezoni
doktersjas (de)	ხალათი	khalati

34. Kleding. Ondergoed

ondergoed (het)	საცვალი	satsvali
onderhemd (het)	მაისური	maisuri
sokken (mv.)	წინდები	ts'indebi

nachthemd (het)	ღამის პერანგი	ghamis p'erangi
beha (de)	ბიუსტჰალტერი	biust'halt'eri
kniekousen (mv.)	გოლფი-წინდები	golpi-ts'indebi
panty (de)	კოლგოტი	k'olgot'i
nylonkousen (mv.)	ყელიანი წინდები	qeliani ts'indebi
badpak (het)	საბანაო კოსტიუმი	sabanao k'ost'iumi

35. Hoofddeksels

hoed (de)	ქუდი	kudi
deukhoed (de)	ქუდი	kudi
honkbalpet (de)	ბეისბოლის კეპი	beisbolis k'ep'i
kleppet (de)	კეპი	k'ep'i

baret (de)	ბერეტი	beret'i
kap (de)	კაპიუშონი	k'ap'iushoni
panamahoed (de)	პანამა	p'anama
gebreide muts (de)	ნაქსოვი ქუდი	naksovi kudi

hoofddoek (de)	თავსაფარი	tavsapari
dameshoed (de)	ქუდი	kudi

veiligheidshelm (de)	კასკა	k'ask'a
veldmuts (de)	პილოტურა	p'ilot'ura
helm, valhelm (de)	ჩაფხუტი	chapkhut'i

bolhoed (de)	ქვაბ-ქუდა	kvab-kuda
hoge hoed (de)	ცილინდრი	tsilindri

36. Schoeisel

schoeisel (het)	ფეხსაცმელი	pekhsatsmeli
schoenen (mv.)	ყელიანი ფეხსაცმელი	qeliani pekhsatsmeli
vrouwenschoenen (mv.)	ტუფლი	t'upli
laarzen (mv.)	ჩექმები	chekmebi
pantoffels (mv.)	ჩუსტები	chust'ebi

sportschoenen (mv.)	ფეხსაცმელი	pekhsatsmeli
sneakers (mv.)	კედი	k'edi
sandalen (mv.)	სანდლები	sandlebi

schoenlapper (de)	მეჩექმე	mechekme
hiel (de)	ქუსლი	kusli
paar (een ~ schoenen)	წყვილი	ts'qvili
veter (de)	ზონარი	zonari

rijgen (schoenen ~)	ზონრით შეკვრა	zonrit shek'vra
schoenlepel (de)	საშველი	sashveli
schoensmeer (de/het)	ფეხსაცმლის კრემი	pekhsatsmlis k'remi

37. Persoonlijke accessoires

handschoenen (mv.)	ხელთათმანები	kheltatmanebi
wanten (mv.)	ხელთათმანი	kheltatmani
sjaal (fleece ~)	კაშნი	k'ashni

bril (de)	სათვალე	satvale
brilmontuur (het)	ჩარჩო	charcho
paraplu (de)	ქოლგა	kolga
wandelstok (de)	ხელჯოხი	kheljokhi
haarborstel (de)	თმის ჯაგრისი	tmis jagrisi
waaier (de)	მარაო	marao

das (de)	ჰალსტუხი	halst'ukhi
strikje (het)	პეპელა-ჰალსტუხი	p'ep'ela-halst'ukhi
bretels (mv.)	აჭიმი	ach'imi
zakdoek (de)	ცხვირსახოცი	tskhvirsakhotsi

kam (de)	სავარცხელი	savartskheli
haarspeldje (het)	თმის სამაგრი	tmis samagri
schuifspeldje (het)	თმის სარჭი	tmis sarch'i
gesp (de)	ბალთა	balta

broekriem (de)	ქამარი	kamari
draagriem (de)	თასმა	tasma

handtas (de)	ჩანთა	chanta
damestas (de)	ჩანთა	chanta
rugzak (de)	რუკზაკი	ruk'zak'i

38. Kleding. Diversen

mode (de)	მოდა	moda
de mode (bn)	მოდური	moduri
kledingstilist (de)	მოდელიერი	modelieri

kraag (de)	საყელო	saqelo
zak (de)	ჯიბე	jibe
zak- (abn)	ჯიბისა	jibisa
mouw (de)	სახელო	sakhelo
lusje (het)	საკიდარი	sak'idari
gulp (de)	ბარტყი	bart'qi

rits (de)	ელვა-შესაკრავი	elva-shesak'ravi
sluiting (de)	შესაკრავი	shesak'ravi
knoop (de)	ღილი	ghili
knoopsgat (het)	ჩასაღილავი	chasaghilavi
losraken (bijv. knopen)	მოწყვეტა	mots'qvet'a

naaien (kleren, enz.)	კერვა	k'erva
borduren (ww)	ქარგვა	kargva
borduursel (het)	ნაქარგი	nakargi
naald (de)	ნემსი	nemsi
draad (de)	ძაფი	dzapi
naad (de)	ნაკერი	nak'eri

vies worden (ww)	გასვრა	gasvra
vlek (de)	ლაქა	laka
gekreukt raken (ov. kleren)	დაჭმუჭნა	dach'much'na
scheuren (ov.ww.)	გახევა	gakheva
mot (de)	ჩრჩილი	chrchili

39. Persoonlijke verzorging. Schoonheidsmiddelen

tandpasta (de)	კბილის პასტა	k'bilis p'ast'a
tandenborstel (de)	კბილის ჯაგრისი	k'bilis jagrisi
tanden poetsen (ww)	კბილების გახეხვა	k'bilebis gakhekhva

scheermes (het)	სამართებელი	samartebeli
scheerschuim (het)	საპარსი კრემი	sap'arsi k'remi
zich scheren (ww)	პარსვა	p'arsva

zeep (de)	საპონი	sap'oni
shampoo (de)	შამპუნი	shamp'uni

schaar (de)	მაკრატელი	mak'rat'eli
nagelvijl (de)	ფრჩხილის ქლიბი	prchkhilis klibi
nagelknipper (de)	ფრჩხილის საკვნეტი	prchkhilis sak'vnet'i
pincet (het)	პინცეტი	p'intset'i

cosmetica (de)	კოსმეტიკა	k'osmet'ik'a
masker (het)	ნიღაბი	nighabi
manicure (de)	მანიკიური	manik'iuri
manicure doen	მანიკიურის კეთება	manik'iuris k'eteba
pedicure (de)	პედიკიური	p'edik'iuri

cosmetica tasje (het)	კოსმეტიკის ჩანთა	k'osmet'ik'is chanta
poeder (de/het)	პუდრი	p'udri
poederdoos (de)	საპუდრე	sap'udre
rouge (de)	ფერი	peri

parfum (de/het)	სუნამო	sunamo
eau de toilet (de)	ტუალეტის წყალი	t'ualet'is ts'qali
lotion (de)	ლოსიონი	losioni
eau de cologne (de)	ოდეკოლონი	odek'oloni

oogschaduw (de)	ქუთუთოს ჩრდილი	kututos chrdili
oogpotlood (het)	თვალის ფანქარი	tvalis pankari
mascara (de)	ტუში	t'ushi

lippenstift (de)	ტუჩის პომადა	t'uchis p'omada
nagellak (de)	ფრჩხილის ლაქი	prchkhilis laki
haarlak (de)	თმის ლაქი	tmis laki

45

deodorant (de)	დეზოდორანტი	dezodorant'i
crème (de)	კრემი	k'remi
gezichtscrème (de)	სახის კრემი	sakhis k'remi
handcrème (de)	ხელის კრემი	khelis k'remi
antirimpelcrème (de)	ნაოჭების საწინააღმდეგო კრემი	naoch'ebis sats'inaaghmdego k'remi

| dag- (abn) | დღისა | dghisa |
| nacht- (abn) | ღამისა | ghamisa |

tampon (de)	ტამპონი	t'amp'oni
toiletpapier (het)	ტუალეტის ქაღალდი	t'ualet'is kaghaldi
föhn (de)	ფენი	peni

40. Horloges. Klokken

polshorloge (het)	საათი	saati
wijzerplaat (de)	ციფერბლატი	tsiperblat'i
wijzer (de)	ისარი	isari
metalen horlogeband (de)	სამაჯური	samajuri
horlogebandje (het)	თასმა	tasma

batterij (de)	ბატარეა	bat'area
leeg zijn (ww)	დაჯდომა	dajdoma
batterij vervangen	ბატარეის გამოცვლა	bat'areis gamotsvla

wandklok (de)	კედლის საათი	k'edlis saati
zandloper (de)	ქვიშის საათი	kvishis saati
zonnewijzer (de)	მზის საათი	mzis saati
wekker (de)	მაღვიძარა	maghvidzara
horlogemaker (de)	მესაათე	mesaate
repareren (ww)	გარემონტება	garemont'eba

ALLEDAAGSE ERVARING

41. Geld

geld (het)	ფული	puli
ruil (de)	გაცვლა	gatsvla
koers (de)	კურსი	k'ursi
geldautomaat (de)	ბანკომატი	bank'omat'i
muntstuk (de)	მონეტა	monet'a
dollar (de)	დოლარი	dolari
euro (de)	ევრო	evro
lire (de)	ლირა	lira
Duitse mark (de)	მარკა	mark'a
frank (de)	ფრანკი	prank'i
pond sterling (het)	გირვანქა სტერლინგი	girvanka st'erlingi
yen (de)	იენა	iena
schuld (geldbedrag)	ვალი	vali
schuldenaar (de)	მოვალე	movale
uitlenen (ww)	ნისიად მიცema	nisiad mitsema
lenen (geld ~)	ნისიად აღება	nisiad agheba
bank (de)	ბანკი	bank'i
bankrekening (de)	ანგარიში	angarishi
op rekening storten	ანგარიშზე დადება	angarishze dadeba
opnemen (ww)	ანგარიშიდან მოხსნა	angarishidan mokhsna
kredietkaart (de)	საკრედიტო ბარათი	sak'redit'o barati
baar geld (het)	ნაღდი ფული	naghdi puli
cheque (de)	ჩეკი	chek'i
een cheque uitschrijven	ჩეკის გამოწერა	chek'is gamots'era
chequeboekje (het)	ჩეკების წიგნაკი	chek'ebis ts'ignak'i
portefeuille (de)	საფულე	sapule
geldbeugel (de)	საფულე	sapule
safe (de)	სეიფი	seipi
erfgenaam (de)	მემკვიდრე	memk'vidre
erfenis (de)	მემკვიდრეობა	memk'vidreoba
fortuin (het)	ქონება	koneba
huur (de)	იჯარა	ijara
huurprijs (de)	ბინის ქირა	binis kira
huren (huis, kamer)	დაქირავება	dakiraveba
prijs (de)	ფასი	pasi
kostprijs (de)	ღირებულება	ghirebuleba
som (de)	თანხა	tankha

uitgeven (geld besteden)	ხარჯვა	kharjva
kosten (mv.)	ხარჯები	kharjebi
bezuinigen (ww)	დაზოგვა	dazogva
zuinig (bn)	მომჭირნე	momch'irne
betalen (ww)	გადახდა	gadakhda
betaling (de)	საზღაური	sazghauri
wisselgeld (het)	ხურდა	khurda
belasting (de)	გადასახადი	gadasakhadi
boete (de)	ჯარიმა	jarima
beboeten (bekeuren)	დაჯარიმება	dajarimeba

42. Post. Postkantoor

postkantoor (het)	ფოსტა	post'a
post (de)	ფოსტა	post'a
postbode (de)	ფოსტალიონი	post'alioni
openingsuren (mv.)	სამუშაო საათები	samushao saatebi
brief (de)	წერილი	ts'erili
aangetekende brief (de)	დაზღვეული წერილი	dazghveuli ts'erili
briefkaart (de)	ღია ბარათი	ghia barati
telegram (het)	დეპეშა	dep'esha
postpakket (het)	ამანათი	amanati
overschrijving (de)	ფულადი გზავნილი	puladi gzavnili
ontvangen (ww)	მიღება	migheba
sturen (zenden)	გაგზავნა	gagzavna
verzending (de)	გაგზავნა	gagzavna
adres (het)	მისამართი	misamarti
postcode (de)	ინდექსი	indeksi
verzender (de)	გამგზავნი	gamgzavni
ontvanger (de)	მიმღები	mimghebi
naam (de)	სახელი	sakheli
achternaam (de)	გვარი	gvari
tarief (het)	ტარიფი	t'aripi
standaard (bn)	ჩვეულებრივი	chveulebrivi
zuinig (bn)	ეკონომიური	ek'onomiuri
gewicht (het)	წონა	ts'ona
afwegen (op de weegschaal)	აწონვა	ats'onva
envelop (de)	კონვერტი	k'onvert'i
postzegel (de)	მარკა	mark'a

43. Bankieren

bank (de)	ბანკი	bank'i
bankfiliaal (het)	განყოფილება	ganqopileba

| bankbediende (de) | კონსულტანტი | k'onsult'ant'i |
| manager (de) | მმართველი | mmartveli |

bankrekening (de)	ანგარიში	angarishi
rekeningnummer (het)	ანგარიშის ნომერი	angarishis nomeri
lopende rekening (de)	მიმდინარე ანგარიში	mimdinare angarishi
spaarrekening (de)	დამაგროვებელი ანგარიში	damagrovebeli angarishi

een rekening openen	ანგარიშის გახსნა	angarishis gakhsna
de rekening sluiten	ანგარიშის დახურვა	angarishis dakhurva
op rekening storten	ანგარიშზე დადება	angarishze dadeba
opnemen (ww)	ანგარიშიდან მოხსნა	angarishidan mokhsna

storting (de)	ანაბარი	anabari
een storting maken	ანაბრის გაკეთება	anabris gak'eteba
overschrijving (de)	გზავნილი	gzavnili
een overschrijving maken	გზავნილის გაკეთება	gzavnilis gak'eteba

| som (de) | თანხა | tankha |
| Hoeveel? | რამდენი? | ramdeni? |

| handtekening (de) | ხელმოწერა | khelmots'era |
| ondertekenen (ww) | ხელის მოწერა | khelis mots'era |

kredietkaart (de)	საკრედიტო ბარათი	sak'redit'o barati
code (de)	კოდი	k'odi
kredietkaartnummer (het)	საკრედიტო ბარათის ნომერი	sak'redit'o baratis nomeri
geldautomaat (de)	ბანკომატი	bank'omat'i

cheque (de)	ჩეკი	chek'i
een cheque uitschrijven	ჩეკის გამოწერა	chek'is gamots'era
chequeboekje (het)	ჩეკების წიგნაკი	chek'ebis ts'ignak'i

lening, krediet (de)	კრედიტი	k'redit'i
een lening aanvragen	კრედიტისათვის მიმართვა	k'redit'isatvis mimartva
een lening nemen	კრედიტის აღება	k'redit'is agheba
een lening verlenen	კრედიტის წარდგენა	k'redit'is ts'ardgena
garantie (de)	გარანტია	garant'ia

44. Telefoon. Telefoongesprek

telefoon (de)	ტელეფონი	t'eleponi
mobieltje (het)	მობილური ტელეფონი	mobiluri t'eleponi
antwoordapparaat (het)	ავტომოპასუხე	avt'omop'asukhe

| bellen (ww) | რეკვა | rek'va |
| belletje (telefoontje) | ზარი | zari |

een nummer draaien	ნომრის აკრეფა	nomris ak'repa
Hallo!	ალო!	alo!
vragen (ww)	კითხვა	k'itkhva
antwoorden (ww)	პასუხის გაცემა	p'asukhis gatsema
horen (ww)	სმენა	smena

goed (bw)	კარგად	k'argad
slecht (bw)	ცუდად	tsudad
storingen (mv.)	ხარვეზები	kharvezebi
hoorn (de)	ყურმილი	qurmili
opnemen (ww)	ყურმილის აღება	qurmilis agheba
ophangen (ww)	ყურმილის დადება	qurmilis dadeba
bezet (bn)	დაკავებული	dak'avebuli
overgaan (ww)	რეკვა	rek'va
telefoonboek (het)	სატელეფონო წიგნი	sat'elepono ts'igni
lokaal (bn)	ადგილობრივი	adgilobrivi
interlokaal (bn)	საქალაქთაშორისო	sakalaktashoriso
buitenlands (bn)	საერთაშორისო	saertashoriso

45. Mobiele telefoon

mobieltje (het)	მობილური ტელეფონი	mobiluri t'eleponi
scherm (het)	დისპლეი	disp'lei
toets, knop (de)	ღილაკი	ghilak'i
simkaart (de)	SIM-ბარათი	SIM-barati
batterij (de)	ბატარეა	bat'area
leeg zijn (ww)	განმუხტვა	ganmukht'va
acculader (de)	დასამუხტი მოწყობილობა	dasamukht'i mots'qobiloba
menu (het)	მენიუ	meniu
instellingen (mv.)	აწყობა	ats'qoba
melodie (beltoon)	მელოდია	melodia
selecteren (ww)	არჩევა	archeva
rekenmachine (de)	კალკულატორი	k'alk'ulat'ori
voicemail (de)	ავტომოპასუხე	avt'omop'asukhe
wekker (de)	მაღვიძარა	maghvidzara
contacten (mv.)	სატელეფონო წიგნი	sat'elepono ts'igni
SMS-bericht (het)	SMS-შეტყობინება	SMS-shet'qobineba
abonnee (de)	აბონენტი	abonent'i

46. Schrijfbehoeften

balpen (de)	ავტოკალამი	avt'ok'alami
vulpen (de)	კალამი	k'alami
potlood (het)	ფანქარი	pankari
marker (de)	მარკერი	mark'eri
viltstift (de)	ფლომასტერი	plomast'eri
notitieboekje (het)	ბლოკნოტი	blok'not'i
agenda (boekje)	დღიური	dghiuri
liniaal (de/het)	სახაზავი	sakhazavi

rekenmachine (de)	კალკულატორი	k'alk'ulat'ori
gom (de)	საშლელი	sashleli
punaise (de)	ჭიკარტი	ch'ik'art'i
paperclip (de)	სამაგრი	samagri

lijm (de)	წებო	ts'ebo
nietmachine (de)	სტეპლერი	st'ep'leri
perforator (de)	სახვრეტელა	sakhvret'ela
potloodslijper (de)	სათლელი	satleli

47. Vreemde talen

taal (de)	ენა	ena
vreemd (bn)	უცხო	utskho
leren (bijv. van buiten ~)	შესწავლა	shests'avla
studeren (Nederlands ~)	სწავლა	sts'avla

lezen (ww)	კითხვა	k'itkhva
spreken (ww)	ლაპარაკი	lap'arak'i
begrijpen (ww)	გაგება	gageba
schrijven (ww)	წერა	ts'era

snel (bw)	სწრაფად	sts'rapad
langzaam (bw)	ნელა	nela
vloeiend (bw)	თავისუფლად	tavisuplad

regels (mv.)	წესები	ts'esebi
grammatica (de)	გრამატიკა	gramat'ik'a
vocabulaire (het)	ლექსიკა	leksik'a
fonetiek (de)	ფონეტიკა	ponet'ik'a

leerboek (het)	სახელმძღვანელო	sakhelmdzghvanelo
woordenboek (het)	ლექსიკონი	leksik'oni
leerboek (het) voor zelfstudie	თვითმასწავლებელი	tvitmasts'avlebeli
taalgids (de)	სასაუბრო	sasaubro

cassette (de)	კასეტი	k'aset'i
videocassette (de)	ვიდეოკასეტი	videok'aset'i
CD (de)	კომპაქტური დისკი	k'omp'akt'uri disk'i
DVD (de)	დივიდი	dividi

alfabet (het)	ანბანი	anbani
spellen (ww)	ასოების გამოთქმა	asoebit gamotkma
uitspraak (de)	წარმოთქმა	ts'armotkma

accent (het)	აქცენტი	aktsent'i
met een accent (bw)	აქცენტით	aktsent'it
zonder accent (bw)	უაქცენტოდ	uaktsent'od

woord (het)	სიტყვა	sit'qva
betekenis (de)	მნიშვნელობა	mnishvneloba

cursus (de)	კურსები	k'ursebi
zich inschrijven (ww)	ჩაწერა	chats'era

leraar (de)	მასწავლებელი	masts'avlebeli
vertaling (een ~ maken)	თარგმნა	targmna
vertaling (tekst)	თარგმანი	targmani
vertaler (de)	მთარგმნელი	mtargmneli
tolk (de)	თარჯიმანი	tarjimani
polyglot (de)	პოლიგლოტი	p'oliglot'i
geheugen (het)	მეხსიერება	mekhsiereba

MAALTIJDEN. RESTAURANT

48. Tafelschikking

lepel (de)	კოვზი	k'ovzi
mes (het)	დანა	dana
vork (de)	ჩანგალი	changali
kopje (het)	ფინჯანი	pinjani
bord (het)	თეფში	tepshi
schoteltje (het)	ლამბაქი	lambaki
servet (het)	ხელსახოცი	khelsakhotsi
tandenstoker (de)	კბილსაჩიჩქნი	k'bilsachichkni

49. Restaurant

restaurant (het)	რესტორანი	rest'orani
koffiehuis (het)	ყავახანა	qavakhana
bar (de)	ბარი	bari
tearoom (de)	ჩაის სალონი	chais saloni
kelner, ober (de)	ოფიციანტი	opitsiant'i
serveerster (de)	ოფიციანტი	opitsiant'i
barman (de)	ბარმენი	barmeni
menu (het)	მენიუ	meniu
wijnkaart (de)	ღვინის ბარათი	ghvinis barati
een tafel reserveren	მაგიდის დაჯავშნა	magidis dajavshna
gerecht (het)	კერძი	k'erdzi
bestellen (eten ~)	შეკვეთა	shek'veta
een bestelling maken	შეკვეთის გაკეთება	shek'vetis gak'eteba
aperitief (de/het)	აპერიტივი	ap'erit'ivi
voorgerecht (het)	საუზმეული	sauzmeuli
dessert (het)	დესერტი	desert'i
rekening (de)	ანგარიში	angarishi
de rekening betalen	ანგარიშის გადახდა	angarishis gadakhda
wisselgeld teruggeven	ხურდის მიცემა	khurdis mitsema
fooi (de)	გასამრჯელო	gasamrjelo

50. Maaltijden

eten (het)	საჭმელი	sach'meli
eten (ww)	ჭამა	ch'ama

ontbijt (het)	საუზმე	sauzme
ontbijten (ww)	საუზმობა	sauzmoba
lunch (de)	სადილი	sadili
lunchen (ww)	სადილობა	sadiloba
avondeten (het)	ვახშამი	vakhshami
souperen (ww)	ვახშმობა	vakhshmoba
eetlust (de)	მადა	mada
Eet smakelijk!	გაამოთ!	gaamot!
openen (een fles ~)	გახსნა	gakhsna
morsen (koffie, enz.)	დაღვრა	daghvra
zijn gemorst	დაღვრა	daghvra
koken (water kookt bij 100°C)	დუღილი	dughili
koken (Hoe om water te ~)	ადუღება	adugheba
gekookt (~ water)	ნადუღი	nadughi
afkoelen (koeler maken)	გაგრილება	gagrileba
afkoelen (koeler worden)	გაგრილება	gagrileba
smaak (de)	გემო	gemo
nasmaak (de)	გემო	gemo
volgen een dieet	გახდომა	gakhdoma
dieet (het)	დიეტა	diet'a
vitamine (de)	ვიტამინი	vit'amini
calorie (de)	კალორია	k'aloria
vegetariër (de)	ვეგეტარიანელი	veget'arianeli
vegetarisch (bn)	ვეგეტარიანული	veget'arianuli
vetten (mv.)	ცხიმები	tskhimebi
eiwitten (mv.)	ცილები	tsilebi
koolhydraten (mv.)	ნახშირწყლები	nakhshirts'qlebi
snede (de)	ნაჭერი	nach'eri
stuk (bijv. een ~ taart)	ნაჭერი	nach'eri
kruimel (de)	ნამცეცი	namtsetsi

51. Bereide gerechten

gerecht (het)	კერძი	k'erdzi
keuken (bijv. Franse ~)	სამზარეულო	samzareulo
recept (het)	რეცეპტი	retsep't'i
portie (de)	ულუფა	ulupa
salade (de)	სალათი	salati
soep (de)	წვნიანი	ts'vniani
bouillon (de)	ბულიონი	bulioni
boterham (de)	ბუტერბროდი	but'erbrodi
spiegelei (het)	ერბო-კვერცხი	erbo-k'vertskhi
hamburger (de)	ჰამბურგერი	hamburgeri
biefstuk (de)	ბიფშტექსი	bivsht'eksi
garnering (de)	გარნირი	garniri

spaghetti (de)	სპაგეტი	sp'aget'i
aardappelpuree (de)	კარტოფილის პიურე	k'art'opilis p'iure
pizza (de)	პიცა	p'itsa
pap (de)	ფაფა	papa
omelet (de)	ომლეტი	omlet'i
gekookt (in water)	მოხარშული	mokharshuli
gerookt (bn)	შებოლილი	shebolili
gebakken (bn)	შემწვარი	shemts'vari
gedroogd (bn)	გამხმარი	gamkhmari
diepvries (bn)	გაყინული	gaqinuli
gemarineerd (bn)	მარინადში ჩადებული	marinadshi chadebuli
zoet (bn)	ტკბილი	t'k'bili
gezouten (bn)	მლაშე	mlashe
koud (bn)	ცივი	tsivi
heet (bn)	ცხელი	tskheli
bitter (bn)	მწარე	mts'are
lekker (bn)	გემრიელი	gemrieli
koken (in kokend water)	ხარშვა	kharshva
bereiden (avondmaaltijd ~)	მზადება	mzadeba
bakken (ww)	შეწვა	shets'va
opwarmen (ww)	გაცხელება	gatskheleba
zouten (ww)	მარილის მოყრა	marilis moqra
peperen (ww)	პილპილის მოყრა	p'ilp'ilis moqra
raspen (ww)	გახეხვა	gakhekhva
schil (de)	ქერქი	kerki
schillen (ww)	ფცქვნა	ptskvna

52. Voedsel

vlees (het)	ხორცი	khortsi
kip (de)	ქათამი	katami
kuiken (het)	წიწილა	ts'its'ila
eend (de)	იხვი	ikhvi
gans (de)	ბატი	bat'i
wild (het)	ნანადირევი	nanadirevi
kalkoen (de)	ინდაური	indauri
varkensvlees (het)	ღორის ხორცი	ghoris khortsi
kalfsvlees (het)	ხბოს ხორცი	khbos khortsi
schapenvlees (het)	ცხვრის ხორცი	tskhvris khortsi
rundvlees (het)	საქონლის ხორცი	sakonlis khortsi
konijnenvlees (het)	ბოცვერი	botsveri
worst (de)	ძეხვი	dzekhvi
saucijs (de)	სოსისი	sosisi
spek (het)	ბეკონი	bek'oni
ham (de)	ლორი	lori
gerookte achterham (de)	ბარკალი	bark'ali
paté, pastei (de)	პაშტეტი	p'asht'et'i
lever (de)	ღვიძლი	ghvidzli

gehakt (het)	ფარში	parshi
tong (de)	ენა	ena
ei (het)	კვერცხი	k'vertskhi
eieren (mv.)	კვერცხები	k'vertskhebi
eiwit (het)	ცილა	tsila
eigeel (het)	კვერცხის გული	k'vertskhis guli
vis (de)	თევზი	tevzi
zeevruchten (mv.)	ზღვის პროდუქტები	zghvis p'rodukt'ebi
schaaldieren (mv.)	კიბოსნაირნი	k'ibosnairni
kaviaar (de)	ხიზილალა	khizilala
krab (de)	კიბორჩხალა	k'iborchkhala
garnaal (de)	კრევეტი	k'revet'i
oester (de)	ხამანწკა	khamants'k'a
langoest (de)	ლანგუსტი	langust'i
octopus (de)	რვაფეხა	rvapekha
inktvis (de)	კალმარი	k'almari
steur (de)	თართი	tarti
zalm (de)	ორაგული	oraguli
heilbot (de)	პალტუსი	p'alt'usi
kabeljauw (de)	ვირთევზა	virtevza
makreel (de)	სკუმბრია	sk'umbria
tonijn (de)	თინუსი	tinusi
paling (de)	გველთევზა	gveltevza
forel (de)	კალმახი	k'almakhi
sardine (de)	სარდინი	sardini
snoek (de)	ქარიყლაპია	kariqlap'ia
haring (de)	ქაშაყი	kashaqi
brood (het)	პური	p'uri
kaas (de)	ყველი	qveli
suiker (de)	შაქარი	shakari
zout (het)	მარილი	marili
rijst (de)	ბრინჯი	brinji
pasta (de)	მაკარონი	mak'aroni
noedels (mv.)	ატრია	at'ria
boter (de)	კარაქი	k'araki
plantaardige olie (de)	მცენარეული ზეთი	mtsenarueli zeti
zonnebloemolie (de)	მზესუმზირის ზეთი	mzesumziris zeti
margarine (de)	მარგარინი	margarini
olijven (mv.)	ზეითუნი	zeituni
olijfolie (de)	ზეითუნის ზეთი	zeitunis zeti
melk (de)	რძე	rdze
gecondenseerde melk (de)	შესქელებული რძე	sheskelebuli rdze
yoghurt (de)	იოგურტი	iogurt'i
zure room (de)	არაჟანი	arazhani
room (de)	ნაღები	naghebi

| mayonaise (de) | მაიონეზი | maionezi |
| crème (de) | კრემი | k'remi |

graan (het)	ბურღული	burghuli
meel (het), bloem (de)	ფქვილი	pkvili
conserven (mv.)	კონსერვები	k'onservebi

maïsvlokken (mv.)	სიმინდის ბურბუშელა	simindis burbushela
honing (de)	თაფლი	tapli
jam (de)	ჯემი	jemi
kauwgom (de)	საღეჭი რეზინი	saghech'i rezini

53. Drankjes

water (het)	წყალი	ts'qali
drinkwater (het)	სასმელი წყალი	sasmeli ts'qali
mineraalwater (het)	მინერალური წყალი	mineraluri ts'qali

zonder gas	უგაზო	ugazo
koolzuurhoudend (bn)	გაზირებული	gazirebuli
bruisend (bn)	გაზიანი	gaziani
IJs (het)	ყინული	qinuli
met ijs	ყინულით	qinulit

alcohol vrij (bn)	უალკოჰოლო	ualk'oholo
alcohol vrije drank (de)	უალკოჰოლო სასმელი	ualk'oholo sasmeli
frisdrank (de)	გამაგრილებელი სასმელი	gamagrilebeli sasmeli
limonade (de)	ლიმონათი	limonati

alcoholische dranken (mv.)	ალკოჰოლიანი სასმელები	alk'oholiani sasmelebi
wijn (de)	ღვინო	ghvino
witte wijn (de)	თეთრი ღვინო	tetri ghvino
rode wijn (de)	წითელი ღვინო	ts'iteli ghvino

likeur (de)	ლიქიორი	likiori
champagne (de)	შამპანური	shamp'anuri
vermout (de)	ვერმუტი	vermut'i

whisky (de)	ვისკი	visk'i
wodka (de)	არაყი	araqi
gin (de)	ჯინი	jini
cognac (de)	კონიაკი	k'oniak'i
rum (de)	რომი	romi

koffie (de)	ყავა	qava
zwarte koffie (de)	შავი ყავა	shavi qava
koffie (de) met melk	რძიანი ყავა	rdziani qava
cappuccino (de)	ნაღებიანი ყავა	naghebiani qava
oploskoffie (de)	ხსნადი ყავა	khsnadi qava

melk (de)	რძე	rdze
cocktail (de)	კოკტეილი	k'ok't'eili
milkshake (de)	რძის კოკტეილი	rdzis k'ok't'eili
sap (het)	წვენი	ts'veni

tomatensap (het)	ტომატის წვენი	t'omat'is ts'veni
sinaasappelsap (het)	ფორთოხლის წვენი	portokhlis ts'veni
vers geperst sap (het)	ახლადგამოწურული წვენი	akhladgamots'uruli ts'veni
bier (het)	ლუდი	ludi
licht bier (het)	ღია ფერის ლუდი	ghia peris ludi
donker bier (het)	მუქი ლუდი	muki ludi
thee (de)	ჩაი	chai
zwarte thee (de)	შავი ჩაი	shavi chai
groene thee (de)	მწვანე ჩაი	mts'vane chai

54. Groenten

groenten (mv.)	ბოსტნეული	bost'neuli
verse kruiden (mv.)	მწვანილი	mts'vanili
tomaat (de)	პომიდორი	p'omidori
augurk (de)	კიტრი	k'it'ri
wortel (de)	სტაფილო	st'apilo
aardappel (de)	კარტოფილი	k'art'opili
ui (de)	ხახვი	khakhvi
knoflook (de)	ნიორი	niori
kool (de)	კომბოსტო	k'ombost'o
bloemkool (de)	ყვავილოვანი კომბოსტო	qvavilovani k'ombost'o
spruitkool (de)	ბრიუსელის კომბოსტო	briuselis k'ombost'o
broccoli (de)	კომბოსტო ბროკოლი	k'ombost'o brok'oli
rode biet (de)	ჭარხალი	ch'arkhali
aubergine (de)	ბადრიჯანი	badrijani
courgette (de)	ყაბაყი	qabaqi
pompoen (de)	გოგრა	gogra
raap (de)	თალგამი	talgami
peterselie (de)	ოხრახუში	okhrakhushi
dille (de)	კამა	k'ama
sla (de)	სალათი	salati
selderij (de)	ნიახური	niakhuri
asperge (de)	სატაცური	sat'atsuri
spinazie (de)	ისპანახი	isp'anakhi
erwt (de)	ბარდა	barda
bonen (mv.)	პარკები	p'ark'ebi
maïs (de)	სიმინდი	simindi
boon (de)	ლობio	lobio
peper (de)	წიწაკა	ts'its'ak'a
radijs (de)	ბოლოკი	bolok'i
artisjok (de)	არტიშოკი	art'ishok'i

55. Vruchten. Noten

vrucht (de)	ხილი	khili
appel (de)	ვაშლი	vashli
peer (de)	მსხალი	mskhali
citroen (de)	ლიმონი	limoni
sinaasappel (de)	ფორთოხალი	portokhali
aardbei (de)	მარწყვი	marts'qvi
mandarijn (de)	მანდარინი	mandarini
pruim (de)	ქლიავი	kliavi
perzik (de)	ატამი	at'ami
abrikoos (de)	გარგარი	gargari
framboos (de)	ჟოლო	zholo
ananas (de)	ანანასი	ananasi
banaan (de)	ბანანი	banani
watermeloen (de)	საზამთრო	sazamtro
druif (de)	ყურძენი	qurdzeni
zure kers (de)	ალუბალი	alubali
zoete kers (de)	ბალი	bali
meloen (de)	ნესვი	nesvi
grapefruit (de)	გრეიფრუტი	greiprut'i
avocado (de)	ავოკადო	avok'ado
papaja (de)	პაპაია	p'ap'aia
mango (de)	მანგო	mango
granaatappel (de)	ბროწეული	brots'euli
rode bes (de)	წითელი მოცხარი	ts'iteli motskhari
zwarte bes (de)	შავი მოცხარი	shavi motskhari
kruisbes (de)	ხურტკმელი	khurt'k'meli
bosbes (de)	მოცვი	motsvi
braambes (de)	მაყვალი	maqvali
rozijn (de)	ქიშმიში	kishmishi
vijg (de)	ლეღვი	leghvi
dadel (de)	ფინიკი	pinik'i
pinda (de)	მიწის თხილი	mits'is tkhili
amandel (de)	ნუში	nushi
walnoot (de)	კაკალი	k'ak'ali
hazelnoot (de)	თხილი	tkhili
kokosnoot (de)	ქოქოსის კაკალი	kokosis k'ak'ali
pistaches (mv.)	ფსტა	pst'a

56. Brood. Snoep

suikerbakkerij (de)	საკონდიტერო ნაწარმი	sak'ondit'ro nats'armi
brood (het)	პური	p'uri
koekje (het)	ნამცხვარი	namtskhvari
chocolade (de)	შოკოლადი	shok'oladi
chocolade- (abn)	შოკოლადისა	shok'oladisa

snoepje (het)	კანფეტი	k'anpet'i
cakeje (het)	ტკბილღვეზელა	t'k'bilghvezela
taart (bijv. verjaardags~)	ტორტი	t'ort'i

| pastei (de) | ღვეზელი | ghvezeli |
| vulling (de) | შიგთავსი | shigtavsi |

confituur (de)	მურაბა	muraba
marmelade (de)	მარმელადი	marmeladi
wafel (de)	ვაფლი	vapli
IJsje (het)	ნაყინი	naqini
pudding (de)	პუდინგი	p'udingi

57. Kruiden

zout (het)	მარილი	marili
gezouten (bn)	მლაშე	mlashe
zouten (ww)	მარილის მოყრა	marilis moqra

zwarte peper (de)	პილპილი	p'ilp'ili
rode peper (de)	წიწაკა	ts'its'ak'a
mosterd (de)	მდოგვი	mdogvi
mierikswortel (de)	პირშუშხა	p'irshushkha

condiment (het)	სანელებელი	sanelebeli
specerij , kruiderij (de)	სუნელი	suneli
saus (de)	სოუსი	sousi
azijn (de)	ძმარი	dzmari

anijs (de)	ანისული	anisuli
basilicum (de)	რეჰანი	rehani
kruidnagel (de)	მიხაკი	mikhak'i
gember (de)	კოჭა	k'och'a
koriander (de)	ქინძი	kindzi
kaneel (de/het)	დარიჩინი	darichini

sesamzaad (het)	ქუნჯუტი	kunzhut'i
laurierblad (het)	დაფნის ფოთოლი	dapnis potoli
paprika (de)	წიწაკა	ts'its'ak'a
komijn (de)	კვლიავი	k'vliavi
saffraan (de)	ზაფრანა	zaprana

PERSOONLIJKE INFORMATIE. FAMILIE

58. Persoonlijke informatie. Formulieren

naam (de)	სახელი	sakheli
achternaam (de)	გვარი	gvari
geboortedatum (de)	დაბადების თარიღი	dabadebis tarighi
geboorteplaats (de)	დაბადების ადგილი	dabadebis adgili

nationaliteit (de)	ეროვნება	erovneba
woonplaats (de)	საცხოვრებელი ადგილი	satskhovrebeli adgili
land (het)	ქვეყანა	kveqana
beroep (het)	პროფესია	p'ropesia

geslacht (ov. het vrouwelijk ~)	სქესი	skesi
lengte (de)	სიმაღლე	simaghle
gewicht (het)	წონა	ts'ona

59. Familieleden. Verwanten

moeder (de)	დედა	deda
vader (de)	მამა	mama
zoon (de)	ვაჟიშვილი	vazhishvili
dochter (de)	ქალიშვილი	kalishvili

jongste dochter (de)	უმცროსი ქალიშვილი	umtsrosi kalishvili
jongste zoon (de)	უმცროსი ვაჟიშვილი	umtsrosi vazhishvili
oudste dochter (de)	უფროსი ქალიშვილი	uprosi kalishvili
oudste zoon (de)	უფროსი ვაჟიშვილი	uprosi vazhishvili

| broer (de) | ძმა | dzma |
| zuster (de) | და | da |

mama (de)	დედა	deda
papa (de)	მამა	mama
ouders (mv.)	მშობლები	mshoblebi
kind (het)	შვილი	shvili
kinderen (mv.)	შვილები	shvilebi

oma (de)	ბებია	bebia
opa (de)	პაპა	p'ap'a
kleinzoon (de)	შვილიშვილი	shvilishvili
kleindochter (de)	შვილიშვილი	shvilishvili
kleinkinderen (mv.)	შვილიშვილები	shvilishvilebi

| oom (de) | ბიძა | bidza |
| schoonmoeder (de) | სიდედრი | sidedri |

schoonvader (de)	მამამთილი	mamamtili
schoonzoon (de)	სიძე	sidze
stiefmoeder (de)	დედინაცვალი	dedinatsvali
stiefvader (de)	მამინაცვალი	maminatsvali

zuigeling (de)	ძუძუმწოვარა ბავშვი	dzudzumts'ovara bavshvi
wiegenkind (het)	ჩვილი	chvili
kleuter (de)	ბიჭუნა	bich'una

vrouw (de)	ცოლი	tsoli
man (de)	ქმარი	kmari
echtgenoot (de)	მეუღლე	meughle
echtgenote (de)	მეუღლე	meughle

gehuwd (mann.)	ცოლიანი	tsoliani
gehuwd (vrouw.)	გათხოვილი	gatkhovili
ongehuwd (mann.)	უცოლშვილო	utsolshvilo
vrijgezel (de)	უცოლშვილო	utsolshvilo
gescheiden (bn)	განქორწინებული	gankorts'inebuli
weduwe (de)	ქვრივი	kvrivi
weduwnaar (de)	ქვრივი	kvrivi

familielid (het)	ნათესავი	natesavi
dichte familielid (het)	ახლო ნათესავი	akhlo natesavi
verre familielid (het)	შორეული ნათესავი	shoreuli natesavi
familieleden (mv.)	ნათესავები	natesavebi

wees (de), weeskind (het)	ობოლი	oboli
voogd (de)	მეურვე	meurve
adopteren (een jongen te ~)	შვილად აყვანა	shvilad aqvana
adopteren (een meisje te ~)	შვილად აყვანა	shvilad aqvana

60. Vrienden. Collega's

vriend (de)	მეგობარი	megobari
vriendin (de)	მეგობარი	megobari
vriendschap (de)	მეგობრობა	megobroba
bevriend zijn (ww)	მეგობრობა	megobroba

makker (de)	ძმაკაცი	dzmak'atsi
vriendin (de)	დაქალი	dakali
partner (de)	პარტნიორი	p'art'niori
chef (de)	შეფი	shepi
baas (de)	უფროსი	uprosi
ondergeschikte (de)	ხელქვეითი	khelkveiti
collega (de)	კოლეგა	k'olega

kennis (de)	ნაცნობი	natsnobi
medereiziger (de)	თანამგზავრი	tanamgzavri
klasgenoot (de)	თანაკლასელი	tanak'laseli

buurman (de)	მეზობელი	mezobeli
buurvrouw (de)	მეზობელი	mezobeli
buren (mv.)	მეზობლები	mezoblebi

MENSELIJK LICHAAM. GENEESKUNDE

61. Hoofd

hoofd (het)	თავი	tavi
gezicht (het)	სახე	sakhe
neus (de)	ცხვირი	tskhviri
mond (de)	პირი	p'iri
oog (het)	თვალი	tvali
ogen (mv.)	თვალები	tvalebi
pupil (de)	გუგა	guga
wenkbrauw (de)	წარბი	ts'arbi
wimper (de)	წამწამი	ts'amts'ami
ooglid (het)	ქუთუთო	kututo
tong (de)	ენა	ena
tand (de)	კბილი	k'bili
lippen (mv.)	ტუჩები	t'uchebi
jukbeenderen (mv.)	ყვრიმალები	qvrimalebi
tandvlees (het)	ღრძილი	ghrdzili
gehemelte (het)	სასა	sasa
neusgaten (mv.)	ნესტოები	nest'oebi
kin (de)	ნიკაპი	nik'ap'i
kaak (de)	ყბა	qba
wang (de)	ლოყა	loqa
voorhoofd (het)	შუბლი	shubli
slaap (de)	საფეთქელი	sapetkeli
oor (het)	ყური	quri
achterhoofd (het)	კეფა	k'epa
hals (de)	კისერი	k'iseri
keel (de)	ყელი	qeli
haren (mv.)	თმები	tmebi
kapsel (het)	ვარცხნილობა	vartskhniloba
haarsnit (de)	შეჭრილი თმა	shek'rech'ili tma
pruik (de)	პარიკი	p'arik'i
snor (de)	ულვაშები	ulvashebi
baard (de)	წვერი	ts'veri
dragen (een baard, enz.)	ტარება	t'areba
vlecht (de)	ნაწნავი	nats'navi
bakkebaarden (mv.)	ბაკენბარდები	bak'enbardebi
ros (roodachtig, rossig)	წითური	ts'ituri
grijs (~ haar)	ჭაღარა	ch'aghara
kaal (bn)	მელოტი	melot'i
kale plek (de)	მელოტი	melot'i

| paardenstaart (de) | კუდი | k'udi |
| pony (de) | შუბლზე შეჭრილი თმა | shublze shech'rili tma |

62. Menselijk lichaam

| hand (de) | მტევანი | mt'evani |
| arm (de) | მკლავი | mk'lavi |

vinger (de)	თითი	titi
duim (de)	ცერა თითი	tsera titi
pink (de)	ნეკი	nek'i
nagel (de)	ფრჩხილი	prchkhili

vuist (de)	მუშტი	musht'i
handpalm (de)	ხელისგული	khelisguli
pols (de)	მაჯა	maja
voorarm (de)	წინამხარი	ts'inamkhari
elleboog (de)	იდაყვი	idaqvi
schouder (de)	მხარი	mkhari

been (rechter ~)	ფეხი	pekhi
voet (de)	ტერფი	t'erpi
knie (de)	მუხლი	mukhli
kuit (de)	წვივი	ts'vivi
heup (de)	თეძო	tedzo
hiel (de)	ქუსლი	kusli

lichaam (het)	ტანი	t'ani
buik (de)	მუცელი	mutseli
borst (de)	მკერდი	mk'erdi
borst (de)	მკერდი	mk'erdi
zijde (de)	გვერდი	gverdi
rug (de)	ზურგი	zurgi
lage rug (de)	წელი	ts'eli
taille (de)	წელი	ts'eli

navel (de)	ჭიპი	ch'ip'i
billen (mv.)	დუნდულები	dundulebi
achterwerk (het)	საჯდომი	sajdomi

huidvlek (de)	ხალი	khali
tatoeage (de)	ტატუირება	t'at'uireba
litteken (het)	ნაიარევი	naiarevi

63. Ziekten

ziekte (de)	ავადმყოფობა	avadmqopoba
ziek zijn (ww)	ავადმყოფობა	avadmqopoba
gezondheid (de)	ჯანმრთელობა	janmrteloba

| snotneus (de) | სურდო | surdo |
| angina (de) | ანგინა | angina |

verkoudheid (de)	გაციება	gatsiveba
verkouden raken (ww)	გაციება	gatsiveba

bronchitis (de)	ბრონქიტი	bronkit'i
longontsteking (de)	ფილტვების ანთება	pilt'vebis anteba
griep (de)	გრიპი	grip'i

bijziend (bn)	ახლომხედველი	akhlomkhedveli
verziend (bn)	შორსმხედველი	shorsmkhedveli
scheelheid (de)	სიელმე	sielme
scheel (bn)	ელამი	elami
grauwe staar (de)	კატარაქტა	k'at'arakt'a
glaucoom (het)	გლაუკომა	glauk'oma

beroerte (de)	ინსულტი	insult'i
hartinfarct (het)	ინფარქტი	inparkt'i
myocardiaal infarct (het)	მიოკარდის ინფარქტი	miok'ardis inparkt'i
verlamming (de)	დამბლა	dambla
verlammen (ww)	დამბლის დაცემა	damblis datsema

allergie (de)	ალერგია	alergia
astma (de/het)	ასთმა	astma
diabetes (de)	დიაბეტი	diabet'i

tandpijn (de)	კბილის ტკივილი	k'bilis t'k'ivili
tandbederf (het)	კარიესი	k'ariesi

diarree (de)	დიარეა	diarea
constipatie (de)	კუჭში შეკრულობა	k'uch'shi shek'ruloba
maagstoornis (de)	კუჭის აშლილობა	k'uch'is ashliloba
voedselvergiftiging (de)	მოწამვლა	mots'amvla
voedselvergiftiging oplopen	მოწამვლა	mots'amvla

artritis (de)	ართრიტი	artrit'i
rachitis (de)	რაქიტი	rakit'i
reuma (het)	რევმატიზმი	revmat'izmi
arteriosclerose (de)	ათეროსკლეროზი	aterosk'lerozi

gastritis (de)	გასტრიტი	gast'rit'i
blindedarmontsteking (de)	აპენდიციტი	ap'enditsit'i
galblaasontsteking (de)	ქოლეცისტიტი	koletsist'it'i
zweer (de)	წყლული	ts'qluli

mazelen (mv.)	წითელა	ts'itela
rodehond (de)	წითურა	ts'itura
geelzucht (de)	სიყვითლე	siqvitle
leverontsteking (de)	ჰეპატიტი	hep'at'it'i

schizofrenie (de)	შიზოფრენია	shizoprenia
dolheid (de)	ცოფი	tsopi
neurose (de)	ნევროზი	nevrozi
hersenschudding (de)	ტვინის შერყევა	t'vinis sherqeva

kanker (de)	კიბო	k'ibo
sclerose (de)	სკლეროზი	sk'lerozi
multiple sclerose (de)	გაფანტული სკლეროზი	gapant'uli sk'lerozi

alcoholisme (het)	ალკოჰოლიზმი	alk'oholizmi
alcoholicus (de)	ალკოჰოლიკი	alk'oholik'i
syfilis (de)	სიფილისი	sipilisi
AIDS (de)	შიდსი	shidsi
tumor (de)	სიმსივნე	simsivne
koorts (de)	ციება	tsieba
malaria (de)	მალარია	malaria
gangreen (het)	განგრენა	gangrena
zeeziekte (de)	ზღვის ავადმყოფობა	zghvis avadmqopoba
epilepsie (de)	ეპილეფსია	ep'ilepsia
epidemie (de)	ეპიდემია	ep'idemia
tyfus (de)	ტიფი	t'ipi
tuberculose (de)	ტუბერკულოზი	t'uberk'ulozi
cholera (de)	ქოლერა	kolera
pest (de)	შავი ჭირი	shavi ch'iri

64. Symptomen. Behandelingen. Deel 1

symptoom (het)	სიმპტომი	simp't'omi
temperatuur (de)	სიცხე	sitskhe
verhoogde temperatuur (de)	მაღალი სიცხე	maghali sitskhe
polsslag (de)	პულსი	p'ulsi
duizeling (de)	თავბრუსხვევა	tavbruskhveva
heet (erg warm)	ცხელი	tskheli
koude rillingen (mv.)	შეციება	shetsieba
bleek (bn)	ფერმიხდილი	permikhdili
hoest (de)	ხველა	khvela
hoesten (ww)	ხველება	khveleba
niezen (ww)	ცხვირის ცემინება	tskhviris tsemineba
flauwte (de)	გულის წასვლა	gulis ts'asvla
flauwvallen (ww)	გულის წასვლა	gulis ts'asvla
blauwe plek (de)	ლები	lebi
buil (de)	კოპი	k'op'i
zich stoten (ww)	დაჯახება	dajakheba
kneuzing (de)	დაჟეჟილობა	dazhezhiloba
kneuzen (gekneusd zijn)	დაჟეჟვა	dazhezhva
hinken (ww)	კოჭლობა	k'och'loba
verstuiking (de)	ღრძობა	ghrdzoba
verstuiken (enkel, enz.)	ღრძობა	ghrdzoba
breuk (de)	მოტეხილობა	mot'ekhiloba
een breuk oplopen	მოტეხა	mot'ekha
snijwond (de)	ჭრილობა	ch'riloba
zich snijden (ww)	გაჭრა	gach'ra
bloeding (de)	სისხლდენა	siskhldena
brandwond (de)	დამწვრობა	damts'vroba
zich branden (ww)	დაწვა	dats'va

prikken (ww)	ჩხვლეტა	chkhvlet'a
zich prikken (ww)	ჩხვლეტა	chkhvlet'a
blesseren (ww)	დაზიანება	dazianeba
blessure (letsel)	დაზიანება	dazianeba
wond (de)	ჭრილობა	ch'riloba
trauma (het)	ტრავმა	t'ravma

IJlen (ww)	ბოდვა	bodva
stotteren (ww)	ბორძიკით ლაპარაკი	bordzik'it lap'arak'i
zonnesteek (de)	მზის დაკვრა	mzis dak'vra

65. Symptomen. Behandelingen. Deel 2

pijn (de)	ტკივილი	t'k'ivili
splinter (de)	ხიწვი	khits'vi

zweet (het)	ოფლი	opli
zweten (ww)	გაოფლიანება	gaoplianeba
braking (de)	პირღებინება	p'irghebineba
stuiptrekkingen (mv.)	კრუნჩხვები	k'runchkhvebi

zwanger (bn)	ორსული	orsuli
geboren worden (ww)	დაბადება	dabadeba
geboorte (de)	მშობიარობა	mshobiaroba
baren (ww)	გაჩენა	gachena
abortus (de)	აბორტი	abort'i

ademhaling (de)	სუნთქვა	suntkva
inademing (de)	შესუნთქვა	shesuntkva
uitademing (de)	ამოსუნთქვა	amosuntkva
uitademen (ww)	ამოსუნთქვა	amosuntkva
inademen (ww)	შესუნთქვა	shesuntkva
invalide (de)	ინვალიდი	invalidi
gehandicapte (de)	ხეიბარი	kheibari
drugsverslaafde (de)	ნარკომანი	nark'omani

doof (bn)	ყრუ	qru
stom (bn)	მუნჯი	munji
doofstom (bn)	ყრუ-მუნჯი	qru-munji

krankzinnig (bn)	გიჟი	gizhi
krankzinnige (man)	გიჟი	gizhi
krankzinnige (vrouw)	გიჟი	gizhi
krankzinnig worden	ჭკუაზე შეშლა	ch'k'uaze sheshla

gen (het)	გენი	geni
immuniteit (de)	იმუნიტეტი	imunit'et'i
erfelijk (bn)	მემკვიდრეობითი	memk'vidreobiti
aangeboren (bn)	თანდაყოლილი	tandaqolili

virus (het)	ვირუსი	virusi
microbe (de)	მიკრობი	mik'robi
bacterie (de)	ბაქტერია	bakt'eria
infectie (de)	ინფექცია	inpektsia

66. Symptomen. Behandelingen. Deel 3

ziekenhuis (het)	საავადმყოფო	saavadmqopo
patiënt (de)	პაციენტი	p'atsient'i
diagnose (de)	დიაგნოზი	diagnozi
genezing (de)	მკურნალობა	mk'urnaloba
onder behandeling zijn	მკურნალობა	mk'urnaloba
behandelen (ww)	მკურნალობა	mk'urnaloba
zorgen (zieken ~)	მოვლა	movla
ziekenzorg (de)	მოვლა	movla
operatie (de)	ოპერაცია	op'eratsia
verbinden (een arm ~)	შეხვევა	shekhveva
verband (het)	სახვევი	sakhvevi
vaccin (het)	აცრა	atsra
inenten (vaccineren)	აცრის გაკეთება	atsris gak'eteba
injectie (de)	ნემსი	nemsi
een injectie geven	ნემსის გაკეთება	nemsis gak'eteba
aanval (de)	შეტევა	shet'eva
amputatie (de)	ამპუტაცია	amp'ut'atsia
amputeren (ww)	ამპუტირება	amp'ut'ireba
coma (het)	კომა	k'oma
in coma liggen	კომაში ყოფნა	k'omashi qopna
intensieve zorg, ICU (de)	რეანიმაცია	reanimatsia
zich herstellen (ww)	გამოჯანმრთელება	gamojanmrteleba
toestand (de)	მდგომარეობა	mdgomareoba
bewustzijn (het)	ცნობიერება	tsnobiereba
geheugen (het)	მეხსიერება	mekhsiereba
trekken (een kies ~)	ამოღება	amogheba
vulling (de)	ბჟენი	bzheni
vullen (ww)	დაბჟენა	dabzhena
hypnose (de)	ჰიპნოზი	hip'nozi
hypnotiseren (ww)	ჰიპნოტიზირება	hip'not'izireba

67. Geneeskunde. Medicijnen. Accessoires

geneesmiddel (het)	წამალი	ts'amali
middel (het)	საშუალება	sashualeba
voorschrijven (ww)	გამოწერა	gamots'era
recept (het)	რეცეპტი	retsep't'i
tablet (de/het)	აბი	abi
zalf (de)	მალამო	malamo
ampul (de)	ამპულა	amp'ula
drank (de)	მიქსტურა	mikst'ura
siroop (de)	სიროფი	siropi
pil (de)	აბი	abi

poeder (de/het)	ფხვნილი	pkhvnili
verband (het)	ბინტი	bint'i
watten (mv.)	ბამბა	bamba
jodium (het)	იოდი	iodi

pleister (de)	ლეიკოპლასტირი	leik'op'last'iri
pipet (de)	პიპეტი	p'ip'et'i
thermometer (de)	სიცხის საზომი	sitskhis sazomi
spuit (de)	შპრიცი	shp'ritsi

| rolstoel (de) | ეტლი | et'li |
| krukken (mv.) | ყავარჯნები | qavarjnebi |

pijnstiller (de)	ტკივილგამაყუჩებელი	t'k'ivilgamaquchebeli
laxeermiddel (het)	სასაქმებელი	sasakmebeli
spiritus (de)	სპირტი	sp'irt'i
medicinale kruiden (mv.)	ბალახი	balakhi
kruiden- (abn)	ბალახისა	balakhisa

APPARTEMENT

68. Appartement

appartement (het)	ბინა	bina
kamer (de)	ოთახი	otakhi
slaapkamer (de)	საწოლი ოთახი	sats'oli otakhi
eetkamer (de)	სასადილო ოთახი	sasadilo otakhi
salon (de)	სასტუმრო ოთახი	sast'umro otakhi
studeerkamer (de)	კაბინეტი	k'abinet'i
gang (de)	წინა ოთახი	ts'ina otakhi
badkamer (de)	საabაზანო ოთახი	saabazano otakhi
toilet (het)	საპირფარეშო	sap'irparesho
plafond (het)	ჭერი	ch'eri
vloer (de)	იატაკი	iat'ak'i
hoek (de)	კუთხე	k'utkhe

69. Meubels. Interieur

meubels (mv.)	ავეჯი	aveji
tafel (de)	მაგიდა	magida
stoel (de)	სკამი	sk'ami
bed (het)	საწოლი	sats'oli
bankstel (het)	დივანი	divani
fauteuil (de)	სავარძელი	savardzeli
boekenkast (de)	კარადა	k'arada
boekenrek (het)	თარო	taro
kledingkast (de)	კარადა	k'arada
kapstok (de)	საკიდი	sak'idi
staande kapstok (de)	საკიდი	sak'idi
commode (de)	კომოდი	k'omodi
salontafeltje (het)	ჟურნალების მაგიდა	zhurnalebis magida
spiegel (de)	სარკე	sark'e
tapijt (het)	ხალიჩა	khalicha
tapijtje (het)	პატარა ნოხი	p'at'ara nokhi
haard (de)	ბუხარი	bukhari
kaars (de)	სანთელი	santeli
kandelaar (de)	შანდალი	shandali
gordijnen (mv.)	ფარდები	pardebi
behang (het)	შპალერი	shp'aleri

jaloezie (de)	ჟალუზი	zhaluzi
bureaulamp (de)	მაგიდის ლამპა	magidis lamp'a
wandlamp (de)	ლამპარი	lamp'ari
staande lamp (de)	ტორშერი	t'orsheri
luchter (de)	ჭაღი	ch'aghi

poot (ov. een tafel, enz.)	ფეხი	pekhi
armleuning (de)	საიდაყვე	saidaqve
rugleuning (de)	ზურგი	zurgi
la (de)	უჯრა	ujra

70. Beddengoed

beddengoed (het)	თეთრეული	tetreuli
kussen (het)	ბალიში	balishi
kussenovertrek (de)	ბალიშისპირი	balishisp'iri
deken (de)	საბანი	sabani
laken (het)	ზეწარი	zets'ari
sprei (de)	გადასაფარებელი	gadasaparebeli

71. Keuken

keuken (de)	სამზარეულო	samzareulo
gas (het)	აირი	airi
gasfornuis (het)	გაზქურა	gazkura
elektrisch fornuis (het)	ელექტროქურა	elekt'rokura
oven (de)	ფურნაკი	purnak'i
magnetronoven (de)	მიკროტალღოვანი ღუმელი	mik'rot'alghovani ghumeli

koelkast (de)	მაცივარი	matsivari
diepvriezer (de)	საყინულე	saqinule
vaatwasmachine (de)	ჭურჭლის სარეცხი მანქანა	ch'urch'lis saretskhi mankana

vleesmolen (de)	ხორცსაკეპი	khortssak'ep'i
vruchtenpers (de)	წვენსაწური	ts'vensats'uri
toaster (de)	ტოსტერი	t'ost'eri
mixer (de)	მიქსერი	mikseri

koffiemachine (de)	ყავის სახარში	qavis sakharshi
koffiepot (de)	ყავადანი	qavadani
koffiemolen (de)	ყავის საფქვავი	qavis sapkvavi

fluitketel (de)	ჩაიდანი	chaidani
theepot (de)	ჩაიდანი	chaidani
deksel (de/het)	ხუფი	khupi
theezeefje (het)	საწური	sats'uri

lepel (de)	კოვზი	k'ovzi
theelepeltje (het)	ჩაის კოვზი	chais k'ovzi
eetlepel (de)	სადილის კოვზი	sadilis k'ovzi
vork (de)	ჩანგალი	changali
mes (het)	დანა	dana

vaatwerk (het)	ჭურჭელი	ch'urch'eli
bord (het)	თეფში	tepshi
schoteltje (het)	ლამბაქი	lambaki
likeurglas (het)	სირჩა	sircha
glas (het)	ჭიქა	ch'ika
kopje (het)	ფინჯანი	pinjani
suikerpot (de)	საშაქრე	sashakre
zoutvat (het)	სამარილე	samarile
pepervat (het)	საპილპილე	sap'ilp'ile
boterschaaltje (het)	საკარაქე	sak'arake
steelpan (de)	ქვაბი	kvabi
bakpan (de)	ტაფა	t'apa
pollepel (de)	ჩამჩა	chamcha
vergiet (de/het)	თუშფალანგი	tushpalangi
dienblad (het)	ლანგარი	langari
fles (de)	ბოთლი	botli
glazen pot (de)	ქილა	kila
blik (conserven~)	ქილა	kila
flesopener (de)	გასახსნელი	gasakhsneli
blikopener (de)	გასახსნელი	gasakhsneli
kurkentrekker (de)	შტოპორი	sht'op'ori
filter (de/het)	ფილტრი	pilt'ri
filteren (ww)	ფილტვრა	pilt'vra
huisvuil (het)	ნაგავი	nagavi
vuilnisemmer (de)	სანაგვე ვედრო	sanagve vedro

72. Badkamer

badkamer (de)	საბაზანო ოთახი	saabazano otakhi
water (het)	წყალი	ts'qali
kraan (de)	ონკანი	onk'ani
warm water (het)	ცხელი წყალი	tskheli ts'qali
koud water (het)	ცივი წყალი	tsivi ts'qali
tandpasta (de)	კბილის პასტა	k'bilis p'ast'a
tanden poetsen (ww)	კბილების წმენდა	k'bilebis ts'menda
zich scheren (ww)	პარსვა	p'arsva
scheercrème (de)	საპარსი ქაფი	sap'arsi kapi
scheermes (het)	სამართებელი	samartebeli
wassen (ww)	რეცხვა	retskhva
een bad nemen	დაბანა	dabana
douche (de)	შხაპი	shkhap'i
een douche nemen	შხაპის მიღება	shkhap'is migheba
bad (het)	აბაზანა	abazana
toiletpot (de)	უნიტაზი	unit'azi

wastafel (de)	ნიჟარა	nizhara
zeep (de)	საპონი	sap'oni
zeepbakje (het)	სასაპნე	sasap'ne

spons (de)	ღრუბელი	ghrubeli
shampoo (de)	შამპუნი	shamp'uni
handdoek (de)	პირსახოცი	p'irsakhotsi
badjas (de)	ხალათი	khalati

was (bijv. handwas)	რეცხვა	retskhva
wasmachine (de)	სარეცხი მანქანა	saretskhi mankana
de was doen	თეთრეულის რეცხვა	tetreulis retsvkha
waspoeder (de)	სარეცხი ფხვნილი	saretskhi pkhvnili

73. Huishoudelijke apparaten

televisie (de)	ტელევიზორი	t'elevizori
cassettespeler (de)	მაგნიტოფონი	magnit'oponi
videorecorder (de)	ვიდეომაგნიტოფონი	videomagnit'oponi
radio (de)	მიმღები	mimghebi
speler (de)	ფლეერი	pleeri

videoprojector (de)	ვიდეოპროექტორი	videop'roekt'ori
home theater systeem (het)	სახლის კინოთეატრი	sakhlis k'inoteat'ri
DVD-speler (de)	DVD-საკრავი	DVD-sak'ravi
versterker (de)	გამაძლიერებელი	gamadzlierebeli
spelconsole (de)	სათამაშო მისადგამი	satamasho misadgami

videocamera (de)	ვიდეოკამერა	videok'amera
fotocamera (de)	ფოტოაპარატი	pot'oap'arat'i
digitale camera (de)	ციფრული ფოტოაპარატი	tsipruli pot'oap'arat'i

stofzuiger (de)	მტვერსასრუტი	mt'versasrut'i
strijkijzer (het)	უთო	uto
strijkplank (de)	საუთოებელი დაფა	sautoebeli dapa

telefoon (de)	ტელეფონი	t'eleponi
mobieltje (het)	მობილური ტელეფონი	mobiluri t'eleponi
schrijfmachine (de)	მანქანა	mankana
naaimachine (de)	მანქანა	mankana

microfoon (de)	მიკროფონი	mik'roponi
koptelefoon (de)	საყურისი	saqurisi
afstandsbediening (de)	პულტი	p'ult'i

CD (de)	CD-დისკი	CD-disk'i
cassette (de)	კასეტი	k'aset'i
vinylplaat (de)	ფირფიტა	pirpit'a

DE AARDE. WEER

74. De kosmische ruimte

kosmos (de)	კოსმოსი	k'osmosi
kosmisch (bn)	კოსმოსური	k'osmosuri
kosmische ruimte (de)	კოსმოსური სივრცე	k'osmosuri sivrtse
wereld (de)	მსოფლიო	msoplio
heelal (het)	სამყარო	samqaro
sterrenstelsel (het)	გალაქტიკა	galakt'ik'a
ster (de)	ვარსკვლავი	varsk'vlavi
sterrenbeeld (het)	თანავარსკვლავედი	tanavarsk'vlavedi
planeet (de)	პლანეტა	p'lanet'a
satelliet (de)	თანამგზავრი	tanamgzavri
meteoriet (de)	მეტეორიტი	met'eorit'i
komeet (de)	კომეტა	k'omet'a
asteroïde (de)	ასტეროიდი	ast'eroidi
baan (de)	ორბიტა	orbit'a
draaien (om de zon, enz.)	ბრუნვა	brunva
atmosfeer (de)	ატმოსფერო	at'mospero
Zon (de)	მზე	mze
zonnestelsel (het)	მზის სისტემა	mzis sist'ema
zonsverduistering (de)	მზის დაბნელება	mzis dabneleba
Aarde (de)	დედამიწა	dedamits'a
Maan (de)	მთვარე	mtvare
Mars (de)	მარსი	marsi
Venus (de)	ვენერა	venera
Jupiter (de)	იუპიტერი	iup'it'eri
Saturnus (de)	სატურნი	sat'urni
Mercurius (de)	მერკური	merk'uri
Uranus (de)	ურანი	urani
Neptunus (de)	ნეპტუნი	nep't'uni
Pluto (de)	პლუტონი	p'lut'oni
Melkweg (de)	ირმის ნახტომი	irmis nakht'omi
Grote Beer (de)	დიდი დათვი	didi datvi
Poolster (de)	პოლარული ვარსკვლავი	p'olaruli varsk'vlavi
marsmannetje (het)	მარსიელი	marsieli
buitenaards wezen (het)	უცხოპლანეტელი	utskhop'lanet'eli
bovenaards (het)	სხვა სამყაროდან ჩამოსული	skhva samqarodan chamosuli

vliegende schotel (de)	მფრინავი თეფში	mprinavi tepshi
ruimtevaartuig (het)	კოსმოსური ხომალდი	k'osmosuri khomaldi
ruimtestation (het)	ორბიტალური სადგური	orbit'aluri sadguri
start (de)	სტარტი	st'art'i

motor (de)	ძრავა	dzrava
straalpijp (de)	საქშენი	saksheni
brandstof (de)	საწვავი	sats'vavi

| cabine (de) | კაბინა | k'abina |
| antenne (de) | ანტენა | ant'ena |

patrijspoort (de)	ილუმინატორი	iluminat'ori
zonnebatterij (de)	მზის ბატარეა	mzis bat'area
ruimtepak (het)	სკაფანდრი	sk'apandri

| gewichtloosheid (de) | უწონადობა | uts'onadoba |
| zuurstof (de) | ჟანგბადი | zhangbadi |

| koppeling (de) | შეერთება | sheerteba |
| koppeling maken | შეერთების წარმოება | sheertebis ts'armoeba |

| observatorium (het) | ობსერვატორია | observat'oria |
| telescoop (de) | ტელესკოპი | t'elesk'op'i |

| waarnemen (ww) | დაკვირვება | dak'virveba |
| exploreren (ww) | გამოკვლევა | gamok'vleva |

75. De Aarde

Aarde (de)	დედამიწა	dedamits'a
aardbol (de)	დედამიწის სფერო	dedamits'is spero
planeet (de)	პლანეტა	p'lanet'a

atmosfeer (de)	ატმოსფერო	at'mospero
aardrijkskunde (de)	გეოგრაფია	geograpia
natuur (de)	ბუნება	buneba

wereldbol (de)	გლობუსი	globusi
kaart (de)	რუკა	ruka
atlas (de)	ატლასი	at'lasi

| Europa (het) | ევროპა | evrop'a |
| Azië (het) | აზია | azia |

| Afrika (het) | აფრიკა | aprik'a |
| Australië (het) | ავსტრალია | avst'ralia |

Amerika (het)	ამერიკა	amerik'a
Noord-Amerika (het)	ჩრდილოეთ ამერიკა	chrdiloet amerik'a
Zuid-Amerika (het)	სამხრეთ ამერიკა	samkhret amerik'a

| Antarctica (het) | ანტარქტიდა | ant'arkt'ida |
| Arctis (de) | არქტიკა | arkt'ik'a |

76. Windrichtingen

noorden (het)	ჩრდილოეთი	chrdiloeti
naar het noorden	ჩრდილოეთისკენ	chrdiloetisk'en
in het noorden	ჩრდილოეთში	chrdiloetshi
noordelijk (bn)	ჩრდილოეთის	chrdiloetis
zuiden (het)	სამხრეთი	samkhreti
naar het zuiden	სამხრეთისკენ	samkhretisk'en
in het zuiden	სამხრეთში	samkhretshi
zuidelijk (bn)	სამხრეთის	samkhretis
westen (het)	დასავლეთი	dasavleti
naar het westen	დასავლეთისკენ	dasavletisk'en
in het westen	დასავლეთში	dasavletshi
westelijk (bn)	დასავლეთის	dasavletis
oosten (het)	აღმოსავლეთი	aghmosavleti
naar het oosten	აღმოსავლეთისკენ	aghmosavletisk'en
in het oosten	აღმოსავლეთში	aghmosavletshi
oostelijk (bn)	აღმოსავლეთის	aghmosavletis

77. Zee. Oceaan

zee (de)	ზღვა	zghva
oceaan (de)	ოკეანე	ok'eane
golf (baai)	ყურე	qure
straat (de)	სრუტე	srut'e
continent (het)	მატერიკი	mat'erik'i
eiland (het)	კუნძული	k'undzuli
schiereiland (het)	ნახევარკუნძული	nakhevark'undzuli
archipel (de)	არქიპელაგი	arkip'elagi
baai, bocht (de)	ყურე	qure
haven (de)	ნავსადგური	navsadguri
lagune (de)	ლაგუნა	laguna
kaap (de)	კონცხი	k'ontskhi
atol (de)	ატოლი	at'oli
rif (het)	რიფი	ripi
koraal (het)	მარჯანი	marjani
koraalrif (het)	მარჯნის რიფი	marjnis ripi
diep (bn)	ღრმა	ghrma
diepte (de)	სიღრმე	sighrme
diepzee (de)	უფსკრული	upsk'ruli
trog (bijv. Marianentrog)	ღრმული	ghrmuli
stroming (de)	დინება	dineba
omspoelen (ww)	გაბანა	gabana
oever (de)	ნაპირი	nap'iri
kust (de)	სანაპირო	sanap'iro

vloed (de)	მოქცევა	moktseva
eb (de)	მიქცევა	miktseva
ondiepte (ondiep water)	მეჩეჩი	mechechi
bodem (de)	ფსკერი	psk'eri

golf (hoge ~)	ტალღა	t'algha
golfkam (de)	ტალღის ქოჩორი	t'alghis kochori
schuim (het)	ქაფი	kapi

orkaan (de)	გრიგალი	grigali
tsunami (de)	ცუნამი	tsunami
windstilte (de)	მყუდროება	mqudroeba
kalm (bijv. ~e zee)	წყნარი	ts'qnari

pool (de)	პოლუსი	p'olusi
polair (bn)	პოლარული	p'olaruli

breedtegraad (de)	განედი	ganedi
lengtegraad (de)	გრძედი	grdzedi
parallel (de)	პარალელი	p'araleli
evenaar (de)	ეკვატორი	ek'vat'ori

hemel (de)	ცა	tsa
horizon (de)	ჰორიზონტი	horizont'i
lucht (de)	ჰაერი	haeri

vuurtoren (de)	შუქურა	shukura
duiken (ww)	ყვინთვა	qvintva
zinken (ov. een boot)	ჩაძირვა	chadzirva
schatten (mv.)	განძი	gandzi

78. Namen van zeeën en oceanen

Atlantische Oceaan (de)	ატლანტის ოკეანე	at'lant'is ok'eane
Indische Oceaan (de)	ინდოეთის ოკეანე	indoetis ok'eane
Stille Oceaan (de)	წყნარი ოკეანე	ts'qnari ok'eane
Noordelijke IJszee (de)	ჩრდილოეთის ყინულოვანი ოკეანე	chrdiloetis qinulovani ok'eane

Zwarte Zee (de)	შავი ზღვა	shavi zghva
Rode Zee (de)	წითელი ზღვა	ts'iteli zghva
Gele Zee (de)	ყვითელი ზღვა	qviteli zghva
Witte Zee (de)	თეთრი ზღვა	tetri zghva

Kaspische Zee (de)	კასპიის ზღვა	k'asp'iis zghva
Dode Zee (de)	მკვდარი ზღვა	mk'vdari zghva
Middellandse Zee (de)	ხმელთაშუა ზღვა	khmeltashua zghva

Egeïsche Zee (de)	ეგეოსის ზღვა	egeosis zghva
Adriatische Zee (de)	ადრიატიკის ზღვა	adriat'ik'is zghva

Arabische Zee (de)	არავიის ზღვა	araviis zghva
Japanse Zee (de)	იაპონიის ზღვა	iap'oniis zghva
Beringzee (de)	ბერინგის ზღვა	beringis zghva

Zuid-Chinese Zee (de)	სამხრეთ-ჩინეთის ზღვა	samkhret-chinetis zghva
Koraalzee (de)	მარჯნის ზღვა	marjnis zghva
Tasmanzee (de)	ტასმანიის ზღვა	t'asmaniis zghva
Caribische Zee (de)	კარიბის ზღვა	k'aribis zghva

Barentszzee (de)	ბარენცის ზღვა	barentsis zghva
Karische Zee (de)	კარსის ზღვა	k'arsis zghva

Noordzee (de)	ჩრდილოეთის ზღვა	chrdiloetis zghva
Baltische Zee (de)	ბალტიის ზღვა	balt'iis zghva
Noorse Zee (de)	ნორვეგიის ზღვა	norvegiis zghva

79. Bergen

berg (de)	მთა	mta
bergketen (de)	მთების ჯაჭვი	mtebis jach'vi
gebergte (het)	მთის ქედი	mtis kedi

bergtop (de)	მწვერვალი	mts'vervali
bergpiek (de)	პიკი	p'ik'i
voet (ov. de berg)	მთის ძირი	mtis dziri
helling (de)	ფერდობი	perdobi

vulkaan (de)	ვულკანი	vulk'ani
actieve vulkaan (de)	მოქმედი ვულკანი	mokmedi vulk'ani
uitgedoofde vulkaan (de)	ჩამქრალი ვულკანი	chamkrali vulk'ani

uitbarsting (de)	ამოფრქვევა	amoprkveva
krater (de)	კრატერი	k'rat'eri
magma (het)	მაგმა	magma
lava (de)	ლავა	lava
gloeiend (~e lava)	გავარვარებული	gavarvarebuli
kloof (canyon)	კანიონი	k'anioni
bergkloof (de)	ხეობა	kheoba
spleet (de)	ნაპრალი	nap'rali

bergpas (de)	უღელტეხილი	ughelt'ekhili
plateau (het)	პლატო	p'lat'o
klip (de)	კლდე	k'lde
heuvel (de)	ბორცვი	bortsvi

gletsjer (de)	მყინვარი	mqinvari
waterval (de)	ჩანჩქერი	chanchkeri
geiser (de)	გეიზერი	geizeri
meer (het)	ტბა	t'ba

vlakte (de)	ვაკე	vak'e
landschap (het)	პეიზაჟი	p'eizazhi
echo (de)	ექო	eko

alpinist (de)	ალპინისტი	alp'inist'i
bergbeklimmer (de)	მთასვლელი	mtasvleli
trotseren (berg ~)	დაპყრობა	dap'qroba
beklimming (de)	ასვლა	asvla

80. Bergen namen

Alpen (de)	ალპები	alp'ebi
Mont Blanc (de)	მონბლანი	monblani
Pyreneeën (de)	პირენეები	p'ireneebi

Karpaten (de)	კარპატები	k'arp'at'ebi
Oeralgebergte (het)	ურალის მთები	uralis mtebi
Kaukasus (de)	კავკასია	k'avk'asia
Elbroes (de)	იალბუზი	ialbuzi

Altaj (de)	ალტაი	alt'ai
Tiensjan (de)	ტიან-შანი	t'ian-shani
Pamir (de)	პამირი	p'amiri
Himalaya (de)	ჰიმალაი	himalai
Everest (de)	ევერესტი	everest'i

| Andes (de) | ანდები | andebi |
| Kilimanjaro (de) | კილიმანჯარო | k'ilimanjaro |

81. Rivieren

rivier (de)	მდინარე	mdinare
bron (~ van een rivier)	წყარო	ts'qaro
rivierbedding (de)	კალაპოტი	k'alap'ot'i
rivierbekken (het)	აუზი	auzi
uitmonden in ...	ჩადინება	chadineba

| zijrivier (de) | შენაკადი | shenak'adi |
| oever (de) | ნაპირი | nap'iri |

stroming (de)	დინება	dineba
stroomafwaarts (bw)	დინების ქვემოთ	dinebis kvemot
stroomopwaarts (bw)	დინების ზემოთ	dinebis zemot

overstroming (de)	წყალდიდობა	ts'qaldidoba
overstroming (de)	წყალდიდობა	ts'qaldidoba
buiten zijn oevers treden	გადმოსვლა	gadmosvla
overstromen (ww)	დატბორვა	dat'borva

| zandbank (de) | თავთხელი | tavtkheli |
| stroomversnelling (de) | ზღურბლი | zghurbli |

dam (de)	კაშხალი	k'ashkhali
kanaal (het)	არხი	arkhi
spaarbekken (het)	წყალსაცავი	ts'qalsatsavi
sluis (de)	რაბი	rabi

waterlichaam (het)	წყალსატევი	ts'qalsat'evi
moeras (het)	ჭაობი	ch'aobi
broek (het)	ჭანჭრობი	ch'anch'robi
draaikolk (de)	მორევი	morevi
stroom (de)	ნაკადული	nak'aduli

| drink- (abn) | სასმელი | sasmeli |
| zoet (~ water) | მტკნარი | mt'k'nari |

| IJs (het) | ყინული | qinuli |
| bevriezen (rivier, enz.) | გაყინვა | gaqinva |

82. Namen van rivieren

| Seine (de) | სენა | sena |
| Loire (de) | ლუარა | luara |

Theems (de)	ტემზა	t'emza
Rijn (de)	რეინი	reini
Donau (de)	დუნაი	dunai

Wolga (de)	ვოლგა	volga
Don (de)	დონი	doni
Lena (de)	ლენა	lena

Gele Rivier (de)	ხუანხე	khuankhe
Blauwe Rivier (de)	იანძი	iandzi
Mekong (de)	მეკონგი	mek'ongi
Ganges (de)	განგი	gangi

Nijl (de)	ნილოსი	nilosi
Kongo (de)	კონგო	k'ongo
Okavango (de)	ოკავანგო	ok'avango
Zambezi (de)	ზამბეზი	zambezi
Limpopo (de)	ლიმპოპო	limp'op'o
Mississippi (de)	მისისიპი	misisip'i

83. Bos

| bos (het) | ტყე | t'qe |
| bos- (abn) | ტყის | t'qis |

oerwoud (dicht bos)	ტევრი	t'evri
bosje (klein bos)	ჭალა	ch'ala
open plek (de)	მინდორი	mindori

| struikgewas (het) | ბარდები | bardebi |
| struiken (mv.) | ბუჩქნარი | buchknari |

| paadje (het) | ბილიკი | bilik'i |
| ravijn (het) | ხევი | khevi |

boom (de)	ხე	khe
blad (het)	ფოთოლი	potoli
gebladerte (het)	ფოთლეული	potleuli

| vallende bladeren (mv.) | ფოთოლცვენა | potoltsvena |
| vallen (ov. de bladeren) | ცვენა | tsvena |

boomtop (de)	კენწერო	k'ents'ero
tak (de)	ტოტი	t'ot'i
ent (de)	ნუყრი	nuzhri
knop (de)	კვირტი	k'virt'i
naald (de)	წიწვი	ts'its'vi
dennenappel (de)	გირჩი	girchi

boom holte (de)	ფუღურო	pughuro
nest (het)	ბუდე	bude
hol (het)	სორო	soro

stam (de)	ტანი	t'ani
wortel (bijv. boom~s)	ფესვი	pesvi
schors (de)	ქერქი	kerki
mos (het)	ხავსი	khavsi

ontwortelen (een boom)	ამოძირკვა	amodzirk'va
kappen (een boom ~)	მოჭრა	moch'ra
ontbossen (ww)	გაჩეხვა	gachekhva
stronk (de)	კუნძი	k'undzi

kampvuur (het)	კოცონი	k'otsoni
bosbrand (de)	ხანძარი	khandzari
blussen (ww)	ჩაქრობა	chakroba

boswachter (de)	მეტყევე	met'qeve
bescherming (de)	დაცვა	datsva
beschermen (bijv. de natuur ~)	დაცვა	datsva
stroper (de)	ბრაკონიერი	brak'onieri
val (de)	ხაფანგი	khapangi

| plukken (vruchten, enz.) | კრეფა | k'repa |
| verdwalen (de weg kwijt zijn) | გზის დაბნევა | gzis dabneva |

84. Natuurlijke hulpbronnen

natuurlijke rijkdommen (mv.)	ბუნებრივი რესურსები	bunebrivi resursebi
delfstoffen (mv.)	სასარგებლო წიაღისეული	sasargeblo ts'iaghiseuli
lagen (mv.)	საბადო	sabado
veld (bijv. olie~)	საბადო	sabado

winnen (uit erts ~)	მოპოვება	mop'oveba
winning (de)	მოპოვება	mop'oveba
erts (het)	მადანი	madani
mijn (bijv. kolenmijn)	მადნეული	madneuli
mijnschacht (de)	შახტი	shakht'i
mijnwerker (de)	მეშახტე	meshakht'e

| gas (het) | გაზი | gazi |
| gasleiding (de) | გაზსადენი | gazsadeni |

| olie (aardolie) | ნავთობი | navtobi |
| olieleiding (de) | ნავთობსადენი | navtobsadeni |

oliebron (de)	ნავთობის კოშკურა	navtobis k'oshk'ura
boortoren (de)	საბურღი კოშკურა	saburghi k'oshk'ura
tanker (de)	ტანკერი	t'ank'eri
zand (het)	ქვიშა	kvisha
kalksteen (de)	კირქვა	k'irkva
grind (het)	ხრეში	khreshi
veen (het)	ტორფი	t'orpi
klei (de)	თიხა	tikha
steenkool (de)	ქვანახშირი	kvanakhshiri
IJzer (het)	რკინა	rk'ina
goud (het)	ოქრო	okro
zilver (het)	ვერცხლი	vertskhli
nikkel (het)	ნიკელი	nik'eli
koper (het)	სპილენძი	sp'ilendzi
zink (het)	თუთია	tutia
mangaan (het)	მარგანეცი	marganetsi
kwik (het)	ვერცხლისწყალი	vertskhlists'qali
lood (het)	ტყვია	t'qvia
mineraal (het)	მინერალი	minerali
kristal (het)	კრისტალი	k'rist'ali
marmer (het)	მარმარილო	marmarilo
uraan (het)	ურანი	urani

85. Weer

weer (het)	ამინდი	amindi
weersvoorspelling (de)	ამინდის პროგნოზი	amindis p'rognozi
temperatuur (de)	ტემპერატურა	t'emp'erat'ura
thermometer (de)	თერმომეტრი	termomet'ri
barometer (de)	ბარომეტრი	baromet'ri
vochtigheid (de)	ტენიანობა	t'enianoba
hitte (de)	სიცხე	sitskhe
heet (bn)	ცხელი	tskheli
het is heet	ცხელი	tskheli
het is warm	თბილა	tbila
warm (bn)	თბილი	tbili
het is koud	სიცივე	sitsive
koud (bn)	ცივი	tsivi
zon (de)	მზე	mze
schijnen (de zon)	ანათებს	anatebs
zonnig (~e dag)	მზიანი	mziani
opgaan (ov. de zon)	ამოსვლა	amosvla
ondergaan (ww)	ჩასვლა	chasvla
wolk (de)	ღრუბელი	ghrubeli
bewolkt (bn)	ღრუბლიანი	ghrubliani

| regenwolk (de) | ღრუბელი | ghrubeli |
| somber (bn) | მოღრუბლული | moghrubluli |

regen (de)	წვიმა	ts'vima
het regent	წვიმა მოდის	ts'vima modis
regenachtig (bn)	წვიმიანი	ts'vimiani
motregenen (ww)	ჟინჟღვლა	zhinzhghvla

plensbui (de)	კოკისპირული	k'ok'isp'iruli
stortbui (de)	თავსხმა	tavskhma
hard (bn)	ძლიერი	dzlieri
plas (de)	გუბე	gube
nat worden (ww)	დასველება	dasveleba

mist (de)	ნისლი	nisli
mistig (bn)	ნისლიანი	nisliani
sneeuw (de)	თოვლი	tovli
het sneeuwt	თოვლი მოდის	tovli modis

86. Zwaar weer. Natuurrampen

noodweer (storm)	ჭექა	ch'eka
bliksem (de)	მეხი	mekhi
flitsen (ww)	ელვარება	elvareba

donder (de)	ქუხილი	kukhili
donderen (ww)	ქუხილი	kukhili
het dondert	ქუხს	kukhs

| hagel (de) | სეტყვა | set'qva |
| het hagelt | სეტყვა მოდის | set'qva modis |

| overstromen (ww) | წალეკვა | ts'alek'va |
| overstroming (de) | წყალდიდობა | ts'qaldidoba |

aardbeving (de)	მიწისძვრა	mits'isdzvra
aardschok (de)	ბიძგი	bidzgi
epicentrum (het)	ეპიცენტრი	ep'itsent'ri

| uitbarsting (de) | ამოფრქვევა | amoprkveva |
| lava (de) | ლავა | lava |

wervelwind (de)	გრიგალი	grigali
windhoos (de)	ტორნადო	t'ornado
tyfoon (de)	ტაიფუნი	t'aipuni

orkaan (de)	გრიგალი	grigali
storm (de)	ქარიშხალი	karishkhali
tsunami (de)	ცუნამი	tsunami

cycloon (de)	ციკლონი	tsik'loni
onweer (het)	უამინდობა	uamindoba
brand (de)	ხანძარი	khandzari
ramp (de)	კატასტროფა	k'at'ast'ropa

meteoriet (de)	მეტეორიტი	met'eorit'i
lawine (de)	ზვავი	zvavi
sneeuwverschuiving (de)	ჩამოქცევა	chamoktseva
sneeuwjacht (de)	ქარბუქი	karbuki
sneeuwstorm (de)	ბუქი	buki

FAUNA

87. Zoogdieren. Roofdieren

roofdier (het)	მტაცებელი	mt'atsebeli
tijger (de)	ვეფხვი	vepkhvi
leeuw (de)	ლომი	lomi
wolf (de)	მგელი	mgeli
vos (de)	მელა	mela
jaguar (de)	იაგუარი	iaguari
luipaard (de)	ლეოპარდი	leop'ardi
jachtluipaard (de)	გეპარდი	gep'ardi
panter (de)	ავაზა	avaza
poema (de)	პუმა	p'uma
sneeuwluipaard (de)	თოვლის ჯიქი	tovlis jiki
lynx (de)	ფოცხვერი	potskhveri
coyote (de)	კოიოტი	k'oiot'i
jakhals (de)	ტურა	t'ura
hyena (de)	გიენა	giena

88. Wilde dieren

dier (het)	ცხოველი	tskhoveli
beest (het)	მხეცი	mkhetsi
eekhoorn (de)	ციყვი	tsiqvi
egel (de)	ზღარბი	zgharbi
haas (de)	კურდღელი	k'urdgheli
konijn (het)	ბოცვერი	botsveri
das (de)	მაჩვი	machvi
wasbeer (de)	ენოტი	enot'i
hamster (de)	ზაზუნა	zazuna
marmot (de)	ზაზუნა	zazuna
mol (de)	თხუნელა	tkhunela
muis (de)	თაგვი	tagvi
rat (de)	ვირთხა	virtkha
vleermuis (de)	ღამურა	ghamura
hermelijn (de)	ყარყუმი	qarqumi
sabeldier (het)	სიასამური	siasamuri
marter (de)	კვერნა	k'verna
wezel (de)	სინდიოფალა	sindiopala
nerts (de)	წაულა	ts'aula

bever (de)	თახვი	takhvi
otter (de)	წავი	ts'avi
paard (het)	ცხენი	tskheni
eland (de)	ცხენ-ირემი	tskhen-iremi
hert (het)	ირემი	iremi
kameel (de)	აქლემი	aklemi
bizon (de)	ბიზონი	bizoni
oeros (de)	დომბა	domba
buffel (de)	კამეჩი	k'amechi
zebra (de)	ზებრა	zebra
antilope (de)	ანტილოპა	ant'ilop'a
ree (de)	შველი	shveli
damhert (het)	ფურ-ირემი	pur-iremi
gems (de)	ქურციკი	kurtsik'i
everzwijn (het)	ტახი	t'akhi
walvis (de)	ვეშაპი	veshap'i
rob (de)	სელაპი	selap'i
walrus (de)	ლომვეშაპი	lomveshap'i
zeehond (de)	ზღვის კატა	zghvis k'at'a
dolfijn (de)	დელფინი	delpini
beer (de)	დათვი	datvi
IJsbeer (de)	თეთრი დათვი	tetri datvi
panda (de)	პანდა	p'anda
aap (de)	მაიმუნი	maimuni
chimpansee (de)	შიმპანზე	shimp'anze
orang-oetan (de)	ორანგუტანი	orangut'ani
gorilla (de)	გორილა	gorila
makaak (de)	მაკაკა	mak'ak'a
gibbon (de)	გიბონი	giboni
olifant (de)	სპილო	sp'ilo
neushoorn (de)	მარტორქა	mart'orka
giraffe (de)	ჟირაფი	zhirapi
nijlpaard (het)	ბეჰემოთი	behemoti
kangoeroe (de)	კენგურუ	k'enguru
koala (de)	კოალა	k'oala
mangoest (de)	მანგუსტი	mangust'i
chinchilla (de)	შინშილა	shinshila
stinkdier (het)	თრითინა	tritina
stekelvarken (het)	მაჩვზღარბა	machvzgharba

89. Huisdieren

poes (de)	კატა	k'at'a
kater (de)	ხვადი კატა	khvadi k'at'a
paard (het)	ცხენი	tskheni

hengst (de)	ულაყი	ulaqi
merrie (de)	ფაშატი	pashat'i

koe (de)	ძროხა	dzrokha
stier (de)	ხარი	khari
os (de)	ხარი	khari

schaap (het)	დედალი ცხვარი	dedali tskhvari
ram (de)	ცხვარი	tskhvari
geit (de)	თხა	tkha
bok (de)	ვაცი	vatsi

ezel (de)	ვირი	viri
muilezel (de)	ჯორი	jori

varken (het)	ღორი	ghori
biggetje (het)	გოჭი	goch'i
konijn (het)	ბოცვერი	botsveri

kip (de)	ქათამი	katami
haan (de)	მამალი	mamali

eend (de)	იხვი	ikhvi
woerd (de)	მამალი იხვი	mamali ikhvi
gans (de)	ბატი	bat'i

kalkoen haan (de)	ინდაური	indauri
kalkoen (de)	დედალი ინდაური	dedali indauri

huisdieren (mv.)	შინაური ცხოველები	shinauri tskhovelebi
tam (bijv. hamster)	მოშინაურებული	moshinaurebuli
temmen (tam maken)	მოშინაურება	moshinaureba
fokken (bijv. paarden ~)	გამოზრდა	gamozrda

boerderij (de)	ფერმა	perma
gevogelte (het)	შინაური ფრინველი	shinauri prinveli
rundvee (het)	საქონელი	sakoneli
kudde (de)	ჯოგი	jogi

paardenstal (de)	თავლა	tavla
zwijnenstal (de)	საღორე	saghore
koeienstal (de)	ბოსელი	boseli
konijnenhok (het)	საკურდღლე	sak'urdghle
kippenhok (het)	საქათმე	sakatme

90. Vogels

vogel (de)	ფრინველი	prinveli
duif (de)	მტრედი	mt'redi
mus (de)	ბეღურა	beghura
koolmees (de)	წიწკანა	ts'its'k'ana
ekster (de)	კაჭკაჭი	k'ach'k'ach'i
raaf (de)	ყვავი	qvavi
kraai (de)	ყვავი	qvavi

| kauw (de) | ჭკა | ch'k'a |
| roek (de) | ჭილყვავი | ch'ilqvavi |

eend (de)	იხვი	ikhvi
gans (de)	ბატი	bat'i
fazant (de)	ხოხობი	khokhobi

arend (de)	არწივი	arts'ivi
havik (de)	ქორი	kori
valk (de)	შევარდენი	shevardeni
gier (de)	ორბი	orbi
condor (de)	კონდორი	k'ondori

zwaan (de)	გედი	gedi
kraanvogel (de)	წერო	ts'ero
ooievaar (de)	ყარყატი	qarqat'i

papegaai (de)	თუთიყუში	tutiqushi
kolibrie (de)	კოლიბრი	k'olibri
pauw (de)	ფარშევანგი	parshevangi

struisvogel (de)	სირაქლემა	siraklema
reiger (de)	ყანჩა	qancha
flamingo (de)	ფლამინგო	plamingo
pelikaan (de)	ვარხვი	varkhvi

| nachtegaal (de) | ბულბული | bulbuli |
| zwaluw (de) | მერცხალი | mertskhali |

lijster (de)	შაშვი	shashvi
zanglijster (de)	შაშვი მგალობელი	shashvi mgalobeli
merel (de)	შავი შაშვი	shavi shashvi

gierzwaluw (de)	ნამგალა	namgala
leeuwerik (de)	ტოროლა	t'orola
kwartel (de)	მწყერი	mts'qeri

specht (de)	კოდალა	k'odala
koekoek (de)	გუგული	guguli
uil (de)	ბუ	bu
oehoe (de)	ჭოტი	ch'ot'i
auerhoen (het)	ყრუანჩელა	qruanchela

| korhoen (het) | როჭო | roch'o |
| patrijs (de) | კაკაბი | k'ak'abi |

spreeuw (de)	შოშია	shoshia
kanarie (de)	იადონი	iadoni
hazelhoen (het)	გნოლქათამა	gnolkatama

| vink (de) | სკვინჩა | sk'vincha |
| goudvink (de) | სტვენია | st'venia |

meeuw (de)	თოლია	tolia
albatros (de)	ალბატროსი	albat'rosi
pinguïn (de)	პინგვინი	p'ingvini

91. Vis. Zeedieren

brasem (de)	კაპარჭინა	k'ap'arch'ina
karper (de)	კობრი	k'obri
baars (de)	ქორჭილა	korch'ila
meerval (de)	ლოქო	loko
snoek (de)	ქარიყლაპია	kariqlap'ia
zalm (de)	ორაგული	oraguli
steur (de)	თართი	tarti
haring (de)	ქაშაყი	kashaqi
atlantische zalm (de)	გოჯი	goji
makreel (de)	სკუმბრია	sk'umbria
platvis (de)	კამბალა	k'ambala
snoekbaars (de)	ფარგა	parga
kabeljauw (de)	ვირთევზა	virtevza
tonijn (de)	თინუსი	tinusi
forel (de)	კალმახი	k'almakhi
paling (de)	გველთევზა	gveltevza
sidderrog (de)	ელექტრული სკაროსი	elekt'ruli sk'arosi
murene (de)	მურენა	murena
piranha (de)	პირანია	p'irania
haai (de)	ზვიგენი	zvigeni
dolfijn (de)	დელფინი	delpini
walvis (de)	ვეშაპი	veshap'i
krab (de)	კიბორჩხალა	k'iborchkhala
kwal (de)	მედუზა	meduza
octopus (de)	რვაფეხა	rvapekha
zeester (de)	ზღვის ვარსკვლავი	zghvis varsk'vlavi
zee-egel (de)	ზღვის ზღარბი	zghvis zgharbi
zeepaardje (het)	ცხენთევზა	tskhentevza
oester (de)	ხამანწკა	khamants'k'a
garnaal (de)	კრევეტი	k'revet'i
kreeft (de)	ასთაკვი	astak'vi
langoest (de)	ლანგუსტი	langust'i

92. Amfibieën. Reptielen

slang (de)	გველი	gveli
giftig (slang)	შხამიანი	shkhamiani
adder (de)	გველგესლა	gvelgesla
cobra (de)	კობრა	k'obra
python (de)	პითონი	p'itoni
boa (de)	მახრჩობელა გველი	makhrchobela gveli
ringslang (de)	ანკარა	ank'ara

| ratelslang (de) | ჩხრიალა გველი | chkhriala gveli |
| anaconda (de) | ანაკონდა | anak'onda |

hagedis (de)	ხვლიკი	khvlik'i
leguaan (de)	იგუანა	iguana
varaan (de)	ვარანი	varani
salamander (de)	სალამანდრა	salamandra
kameleon (de)	ქამელეონი	kameleoni
schorpioen (de)	მორიელი	morieli

schildpad (de)	კუ	k'u
kikker (de)	ბაყაყი	baqaqi
pad (de)	გომბეშო	gombesho
krokodil (de)	ნიანგი	niangi

93. Insecten

insect (het)	მწერი	mts'eri
vlinder (de)	პეპელა	p'ep'ela
mier (de)	ჭიანჭველა	ch'ianch'vela
vlieg (de)	ბუზი	buzi
mug (de)	კოღო	k'ogho
kever (de)	ხოჭო	khoch'o

wesp (de)	ბზიკი	bzik'i
bij (de)	ფუტკარი	put'k'ari
hommel (de)	კელა	k'ela
horzel (de)	კრაზანა	k'razana

| spin (de) | ობობა | oboba |
| spinnenweb (het) | აბლაბუდა | ablabuda |

libel (de)	ჭრიჭინა	ch'rich'ina
sprinkhaan (de)	კალია	k'alia
nachtvlinder (de)	ფარვანა	parvana

kakkerlak (de)	აბანოს ჭია	abanos ch'ia
mijt (de)	ტკიპა	t'k'ip'a
vlo (de)	რწყილი	rts'qili
kriebelmug (de)	კინკლა	kinkla

treksprinkhaan (de)	კალია	k'alia
slak (de)	ლოკოკინა	lok'ok'ina
krekel (de)	ჭრიჭინა	ch'rich'ina
glimworm (de)	ციცინათელა	tsitsinatela
lieveheersbeestje (het)	ჭია მაია	ch'ia maia
meikever (de)	მაისის ხოჭო	maisis khoch'o

bloedzuiger (de)	წურბელა	ts'urbela
rups (de)	მუხლუხი	mukhlukhi
aardworm (de)	ჭია	ch'ia
larve (de)	მატლი	mat'li

FLORA

94. Bomen

boom (de)	ხე	khe
loof- (abn)	ფოთლოვანი	potlovani
dennen- (abn)	წიწვოვანი	ts'its'vovani
groenblijvend (bn)	მარადმწვანე	maradmts'vane
appelboom (de)	ვაშლის ხე	vashlis khe
perenboom (de)	მსხალი	mskhali
zoete kers (de)	ბალი	bali
zure kers (de)	ალუბალი	alubali
pruimelaar (de)	ქლიავი	kliavi
berk (de)	არყის ხე	arqis khe
eik (de)	მუხა	mukha
linde (de)	ცაცხვი	tsatskhvi
esp (de)	ვერხვი	verkhvi
esdoorn (de)	ნეკერჩხალი	nek'erchkhali
spar (de)	ნაძვის ხე	nadzvis khe
den (de)	ფიჭვი	pich'vi
lariks (de)	ლარიქსი	lariksi
zilverspar (de)	სოჭი	soch'i
ceder (de)	კედარი	k'edari
populier (de)	ალვის ხე	alvis khe
lijsterbes (de)	ცირცელი	tsirtseli
wilg (de)	ტირიფი	t'iripi
els (de)	მურყანი	murqani
beuk (de)	წიფელი	ts'ipeli
iep (de)	თელა	tela
es (de)	იფანი	ipani
kastanje (de)	წაბლი	ts'abli
magnolia (de)	მაგნოლია	magnolia
palm (de)	პალმა	p'alma
cipres (de)	კიპაროსი	k'vip'arosi
mangrove (de)	მანგოს ხე	mangos khe
baobab (apenbroodboom)	ბაობაბი	baobabi
eucalyptus (de)	ევკალიპტი	evk'alip't'i
mammoetboom (de)	სექვოია	sekvoia

95. Heesters

struik (de)	ბუჩქი	buchki
heester (de)	ბუჩქნარი	buchknari

wijnstok (de)	ყურძენი	qurdzeni
wijngaard (de)	ვენახი	venakhi
frambozenstruik (de)	ჟოლო	zholo
rode bessenstruik (de)	წითელი მოცხარი	ts'iteli motskhari
kruisbessenstruik (de)	ხურტკმელი	khurt'k'meli

acacia (de)	აკაცია	ak'atsia
zuurbes (de)	კოწახური	k'ots'akhuri
jasmijn (de)	ჟასმინი	zhasmini
jeneverbes (de)	ღვია	ghvia
rozenstruik (de)	ვარდის ბუჩქი	vardis buchki
hondsroos (de)	ასკილი	ask'ili

96. Vruchten. Bessen

appel (de)	ვაშლი	vashli
peer (de)	მსხალი	mskhali
pruim (de)	ქლიავი	kliavi

aardbei (de)	მარწყვი	marts'qvi
zure kers (de)	ალუბალი	alubali
zoete kers (de)	ბალი	bali
druif (de)	ყურძენი	qurdzeni

framboos (de)	ჟოლო	zholo
zwarte bes (de)	შავი მოცხარი	shavi motskhari
rode bes (de)	წითელი მოცხარი	ts'iteli motskhari
kruisbes (de)	ხურტკმელი	khurt'k'meli
veenbes (de)	შტოში	sht'oshi

sinaasappel (de)	ფორთოხალი	portokhali
mandarijn (de)	მანდარინი	mandarini
ananas (de)	ანანასი	ananasi
banaan (de)	ბანანი	banani
dadel (de)	ფინიკი	pinik'i

citroen (de)	ლიმონი	limoni
abrikoos (de)	გარგარი	gargari
perzik (de)	ატამი	at'ami
kiwi (de)	კივი	k'ivi
grapefruit (de)	გრეიფრუტი	greiprut'i

bes (de)	კენკრა	k'enk'ra
bessen (mv.)	კენკრა	k'enk'ra
vossenbes (de)	წითელი მოცვი	ts'iteli motsvi
bosaardbei (de)	მარწყვი	marts'qvi
bosbes (de)	მოცვი	motsvi

97. Bloemen. Planten

bloem (de)	ყვავილი	qvavili
boeket (het)	თაიგული	taiguli

roos (de)	ვარდი	vardi
tulp (de)	ტიტა	t'it'a
anjer (de)	მიხაკი	mikhak'i
gladiool (de)	გლადიოლუსი	gladiolusi
korenbloem (de)	ღიღილო	ghighilo
klokje (het)	მაჩიტა	machit'a
paardenbloem (de)	ბაბუაწვერა	babuats'vera
kamille (de)	გვირილა	gvirila
aloë (de)	ალოე	aloe
cactus (de)	კაქტუსი	k'akt'usi
ficus (de)	ფიკუსი	pik'usi
lelie (de)	შროშანი	shroshani
geranium (de)	ნემსიწვერა	nemsits'vera
hyacint (de)	ჰიაცინტი	hiatsint'i
mimosa (de)	მიმოზა	mimoza
narcis (de)	ნარგიზი	nargizi
Oostindische kers (de)	ნასტურცია	nast'urtsia
orchidee (de)	ორქიდეა	orkidea
pioenroos (de)	იორდასალამი	iordasalami
viooltje (het)	ია	ia
driekleurig viooltje (het)	სამფერა ია	sampera ia
vergeet-mij-nietje (het)	კესანე	k'esane
madeliefje (het)	ზიზილა	zizila
papaver (de)	ყაყაჩო	qaqacho
hennep (de)	კანაფი	k'anapi
munt (de)	პიტნა	p'it'na
lelietje-van-dalen (het)	შროშანა	shroshana
sneeuwklokje (het)	ენძელა	endzela
brandnetel (de)	ჭინჭარი	ch'inch'ari
veldzuring (de)	მჟაუნა	mzhauna
waterlelie (de)	წყლის შროშანი	ts'qlis shroshani
varen (de)	გვიმრა	gvimra
korstmos (het)	ლიქენა	likena
oranjerie (de)	ორანჟერეა	oranzherea
gazon (het)	გაზონი	gazoni
bloemperk (het)	ყვავილნარი	qvavilnari
plant (de)	მცენარე	mtsenare
gras (het)	ბალახი	balakhi
grasspriet (de)	ბალახის ღერო	balakhis ghero
blad (het)	ფოთოლი	potoli
bloemblad (het)	ფურცელი	purtseli
stengel (de)	ღერო	ghero
knol (de)	ბოლქვი	bolkvi
scheut (de)	ღივი	ghivi

doorn (de)	ეკალი	ek'ali
bloeien (ww)	ყვავილობა	qvaviloba
verwelken (ww)	ჭკნობა	ch'k'noba
geur (de)	სუნი	suni
snijden (bijv. bloemen ~)	მოჭრა	moch'ra
plukken (bloemen ~)	მოწყვეტა	mots'qvet'a

98. Granen, graankorrels

graan (het)	მარცვალი	martsvali
graangewassen (mv.)	მარცვლეული მცენარე	martsvleuli mtsenare
aar (de)	თავთავი	tavtavi

tarwe (de)	ხორბალი	khorbali
rogge (de)	ჭვავი	ch'vavi
haver (de)	შვრია	shvria
gierst (de)	ფეტვი	pet'vi
gerst (de)	ქერი	keri

maïs (de)	სიმინდი	simindi
rijst (de)	ბრინჯი	brinji
boekweit (de)	წიწიბურა	ts'its'ibura

erwt (de)	ბარდა	barda
boon (de)	ლობიო	lobio
soja (de)	სოია	soia
linze (de)	ოსპი	osp'i
bonen (mv.)	პარკები	p'ark'ebi

LANDEN VAN DE WERELD

99. Landen. Deel 1

Afghanistan (het)	ავღანეთი	avghaneti
Albanië (het)	ალბანეთი	albaneti
Argentinië (het)	არგენტინა	argent'ina
Armenië (het)	სომხეთი	somkheti
Australië (het)	ავსტრალია	avst'ralia
Azerbeidzjan (het)	აზერბაიჯანი	azerbaijani
Bahama's (mv.)	ბაჰამის კუნძულები	bahamis k'undzulebi
Bangladesh (het)	ბანგლადეში	bangladeshi
België (het)	ბელგია	belgia
Bolivia (het)	ბოლივია	bolivia
Bosnië en Herzegovina (het)	ბოსნია და ჰერცოგოვინა	bosnia da hertsogovina
Brazilië (het)	ბრაზილია	brazilia
Bulgarije (het)	ბულგარეთი	bulgareti
Cambodja (het)	კამბოჯა	k'amboja
Canada (het)	კანადა	k'anada
Chili (het)	ჩილე	chile
China (het)	ჩინეთი	chineti
Colombia (het)	კოლუმბია	k'olumbia
Cuba (het)	კუბა	k'uba
Cyprus (het)	კვიპროსი	k'vip'rosi
Denemarken (het)	დანია	dania
Dominicaanse Republiek (de)	დომინიკის რესპუბლიკა	dominik'is resp'ublik'a
Duitsland (het)	გერმანია	germania
Ecuador (het)	ეკვადორი	ek'vadori
Egypte (het)	ეგვიპტე	egvip't'e
Engeland (het)	ინგლისი	inglisi
Estland (het)	ესტონეთი	est'oneti
Finland (het)	ფინეთი	pineti
Frankrijk (het)	საფრანეთი	saprangeti
Frans-Polynesië	საფრანგეთის პოლინეზია	saprangetis p'olinezia
Georgië (het)	საქართველო	sakartvelo
Ghana (het)	განა	gana
Griekenland (het)	საბერძნეთი	saberdzneti
Groot-Brittannië (het)	დიდი ბრიტანეთი	didi brit'aneti
Haïti (het)	ჰაიტი	hait'i
Hongarije (het)	უნგრეთი	ungreti
Ierland (het)	ირლანდია	irlandia
IJsland (het)	ისლანდია	islandia
India (het)	ინდოეთი	indoeti
Indonesië (het)	ინდონეზია	indonezia

Irak (het)	ერაყი	eraqi
Iran (het)	ირანი	irani
Israël (het)	ისრაელი	israeli
Italië (het)	იტალია	it'alia

100. Landen. Deel 2

Jamaica (het)	იამაიკა	iamaik'a
Japan (het)	იაპონია	iap'onia
Jordanië (het)	იორდანია	iordania
Kazakstan (het)	ყაზახეთი	qazakheti
Kenia (het)	კენია	k'enia
Kirgizië (het)	ყირგიზეთი	qirgizeti
Koeweit (het)	კუვეიტი	k'uveit'i

Kroatië (het)	ხორვატია	khorvat'ia
Laos (het)	ლაოსი	laosi
Letland (het)	ლატვია	lat'via
Libanon (het)	ლიბანი	libani
Libië (het)	ლივია	livia
Liechtenstein (het)	ლიხტენშტეინი	likht'ensht'eini
Litouwen (het)	ლიტვა	lit'va

Luxemburg (het)	ლუქსემბურგი	luksemburgi
Macedonië (het)	მაკედონია	mak'edonia
Madagaskar (het)	მადაგასკარი	madagask'ari
Maleisië (het)	მალაიზია	malaizia
Malta (het)	მალტა	malt'a
Marokko (het)	მაროკო	marok'o
Mexico (het)	მექსიკა	meksik'a

Moldavië (het)	მოლდოვა	moldova
Monaco (het)	მონაკო	monak'o
Mongolië (het)	მონღოლეთი	mongholeti
Montenegro (het)	ჩერნოგორია	chernogoria
Myanmar (het)	მიანმარი	mianmari
Namibië (het)	ნამიბია	namibia
Nederland (het)	ნიდერლანდები	niderlandebi

Nepal (het)	ნეპალი	nep'ali
Nieuw-Zeeland (het)	ახალი ზელანდია	akhali zelandia
Noord-Korea (het)	ჩრდილოეთ კორეა	chrdiloet k'orea
Noorwegen (het)	ნორვეგია	norvegia
Oekraïne (het)	უკრაინა	uk'raina
Oezbekistan (het)	უზბეკეთი	uzbek'eti
Oostenrijk (het)	ავსტრია	avst'ria

101. Landen. Deel 3

Pakistan (het)	პაკისტანი	p'ak'ist'ani
Palestijnse autonomie (de)	პალესტინის ავტონომია	p'alest'inis avt'onomia
Panama (het)	პანამა	p'anama

Paraguay (het)	პარაგვაი	p'aragvai
Peru (het)	პერუ	p'eru
Polen (het)	პოლონეთი	p'oloneti
Portugal (het)	პორტუგალია	p'ort'ugalia
Roemenië (het)	რუმინეთი	rumineti

Rusland (het)	რუსეთი	ruseti
Saoedi-Arabië (het)	საუდის არაბეთი	saudis arabeti
Schotland (het)	შოტლანდია	shot'landia
Senegal (het)	სენეგალი	senegali
Servië (het)	სერბია	serbia
Slovenië (het)	სლოვენია	slovenia
Slowakije (het)	სლოვაკია	slovak'ia
Spanje (het)	ესპანეთი	esp'aneti

Suriname (het)	სურინამი	surinami
Syrië (het)	სირია	siria
Tadzjikistan (het)	ტაჯიკეთი	t'ajik'eti
Taiwan (het)	ტაივანი	t'aivani
Tanzania (het)	ტანზანია	t'anzania
Tasmanië (het)	ტასმანია	t'asmania
Thailand (het)	ტაილანდი	t'ailandi

Tsjechië (het)	ჩეხეთი	chekheti
Tunesië (het)	ტუნისი	t'unisi
Turkije (het)	თურქეთი	turketi
Turkmenistan (het)	თურქმენეთი	turkmeneti
Uruguay (het)	ურუგვაი	urugvai
Vaticaanstad (de)	ვატიკანი	vat'ik'ani
Venezuela (het)	ვენესუელა	venesuela
Verenigde Arabische Emiraten	აგს	ags

Verenigde Staten van Amerika	ამერიკის შეერთებული შტატები	amerik'is sheertebuli sht'at'ebi
Vietnam (het)	ვიეტნამი	viet'nami
Wit-Rusland (het)	ბელორუსია	belorusia
Zanzibar (het)	ზანზიბარი	zanzibari
Zuid-Afrika (het)	სამხრეთ აფრიკის რესპუბლიკა	samkhret aprik'is resp'ublik'a
Zuid-Korea (het)	სამხრეთ კორეა	samkhret k'orea
Zweden (het)	შვეცია	shvetsia
Zwitserland (het)	შვეიცარია	shveitsaria